难乎？不难！

——古汉语与现代汉语句法比较

张先坦　编著

贵州出版集团

贵州人民出版社

出版说明

　　兴趣是最好的老师,知识的学习更是如此。如果学习者缺乏兴趣,阅读就将是一个枯燥无味的过程,轻松快乐的学习也就无从谈起。基于这样的事实,本着"兴趣阅读、快乐学习"的理念,我们经过深入调研,与国内的众多专家学者及一线教师全力合作,为所有希望将学习变得轻松愉快的朋友奉献上"快乐阅读"书系。

　　"快乐阅读"书系,以知识的轻松学习为核心,强调阅读的趣味性。它力求将各种枯燥无味的知识以轻松快乐的方式呈现,让读者朋友便于理解接受。它的各种努力,只有一个目标,即力图将知识学习过程轻松化、趣味化。读者朋友在阅读过程中,既能保持心情愉快,又能学有所得。在轻松愉快的氛围中学习,让知识学习成为读者朋友的兴趣,本身就是提高学习效率最有效的途径。

　　"快乐阅读"书系首批图书分为"语文知识"、"作文知识"、"数学知识"、"文学导步"、"文学欣赏"、"语言文化"、"个人修养"七大板块,各个板块之下又有细分。英语、生物、化学等相关的知识板块将会在以后陆续推出。针对不同学科知识的特点,本书系以不同的方式来达到轻松快乐的目的。要么是以故事的形式,在故事的展开之中融入相关知识;要么是理清该知识点的背景,追根溯源,让读者朋友知其然,更知其所以然,让理解更为轻松。总而言之,就是以最恰当的方式呈现相关的知识。

　　希望这套"快乐阅读"书系能陪伴每一位读者朋友度过美好的阅读时光。

编　者

2020 年 10 月

目 录

难乎？不难！——古汉语与现代汉语句法比较

快乐阅读书系

开场白

什么是句法呢？"句"是句子，是我们说出来和写出来的一句一句的话，"法"就是法则（规则）和特点，"句法"就是句子的法则和特点。现代汉语有句法，古代汉语也有句法。

在现代人的生活中，几乎每个人每天都要说话和书写，如"我是贵阳人"，"你在做什么"，"你从哪里来"，"他身体很好"，"他们正在打牌"，等等，这些都是现代人生活中的日常用语。但是，这样的语言，无论是口头上说的，还是书上看的，对于我们现代人来说，都不会有理解或表达上的困难，这就是现代汉语对于我们现代人所表现出来的句子的法则和特点。这些法则和特点即构成了现代汉语的句法。

同样的道理，在古代人的日常生活中，他们也要说话和书写，如"学而时习之，不亦乐乎"，"不吾知也"，"陈胜者阳城人也"，"其是之谓乎"，等等，这些话对于那时的古代人来说在理解或表达上也是没有什么困难的，这就是古代汉语对于古代人所表现出来的句子的法则和特点。这些法则和特点即构成了古代汉语的句法。

但是，古代汉语对于现代人来说，就会有理解和表达上的困难，因为现代汉语的句法并不完全等同于古代汉语的句法。换句话说，正是由于古代汉语中那些与现代汉语不同的句法，才造成了我们现代人理解古代汉语的困难。那么我们不禁会问：排除这些困难难吗？我们的回答是：只要跟着这本书读下去，一直读到完，那就一定不难了，正如本书的名字——难乎？不难！

本书例句主要选自中学语文课本中的文言文，对于这部分例句，我

们直接用课本中的作者及篇名作为语料的出处,目的在于使中学生读者有种见到"老朋友"的感觉,因而会起到温故而知新的效果。由于中学语文文言文语料的局限性,我们也选用了中学语文文言文以外的一些古籍中的语料。对于这部分例句,我们则用原著中的作者及书名(篇名)作为语料的出处。这部分例句虽然会使中学生读者感到陌生,但也不失为检验并提高中学生朋友对古汉语句法理解和运用水平的一个好方法。

本书所展示的句法,仅限于古今汉语中有差异的地方,至于古今汉语相同的一面,则不在本书的讨论范围之内。

本书例句中添加了一些符号,这些符号在本书中只起到个区别作用,读者在阅读过程中自可领会。

第一章

疑问句之异

什么是疑问句？一个句子对某人某事有疑而问或无疑而问，这个句子就叫疑问句。疑问句通常含有疑问词，如疑问代词、疑问副词、疑问语气词等。

在询问对方做什么时，现代汉语说：做什么？古代汉语说：何为？

这是现代汉语疑问句与古代汉语疑问句意思相同而句法不同的两种句子。对于这两种句子或句法，我们首先要做的就是大声地反复诵读：现代汉语说：做什么？古代汉语说：何为？现代汉语说：做什么？古代汉语说：何为？……直到熟记为止。简言之就是"先读为快：做什么？/何为？做什么？/何为？做什么？/何为？……"

"现代汉语说：做什么？古代汉语说：何为？"这只是对现代汉语和古代汉语句法不同的最为通俗和最为直观的一种比较。很显然，这两种句法的不同就在于：前者现代汉语疑问代词"什么"在动词"做"的后面，后者古代汉语疑问代词"何"在动词"为"的前面。

需要说明的是，在现代汉语疑问句"做什么"中，"做"只是一个具有代表性的动词，应该说与这个动词功能相当的动词还有无数个，如"干"、"带"、"增加"、"担心"、"羡慕"、"依赖"、"知道"、"欺骗"等，它们都可能出现在"做"这个动词的位置上。与此类似，在古代汉语"何为？"的句法中，动词"为"也是一个具有代表性的动词，与这个动词功能相当的动词也有无数个,如"操"、"加"、"苦"、"羡"、"待"、"知"、"欺"等,它们都可能出现在"为"这个动词的位置上。但是,在现代汉语"做<u>什么</u>?"的句法中,与疑问代词"什么"功能相当的疑问词并不多,似乎只有"谁"、"哪一个"等少数几个,它们可能出现在"什么"这个疑问代词的位置上。而在古代汉语"<u>何</u>为?"的句法中,与疑问代词"何"功能相当的疑问代词则相对多些,如"恶"、"谁"、"奚"、"胡"、"曷"等,它们都可能出现在"何"这个疑问词的位置上。

为了以后行文的简洁,我们可以将如上一段话的意思简单地表述为:

在"做<u>什么</u>/<u>何</u>为"的句法中,与"做/为"功能相当的动词,如"干/为"、"带/操"、"增加/加"、"担心/苦"、"羡慕/羡"、"依赖/待"、"知道/知"、"欺骗/欺"、"效/法"等,都可能出现在"做/为"这个动词的位置上;与"什么/何"功能相当的疑问代词,如"什么/恶"、"谁/谁"、"什么/奚"、"什么/胡"、"哪一个/孰"等,都可能出现在"什么/何"这个疑问代词的位置上(注:"/"前的词指现代汉语,"/"后的词指古代汉语)。

如果理解好如上的几段文字,我们坚信,根据"现代汉语说:做<u>什么</u>? 古代汉语说:<u>何</u>为?"的不同句法,我们就可以比较轻松地由现代汉语的句法进入到古代汉语的句法了。示意图如下:

现代汉语句法：

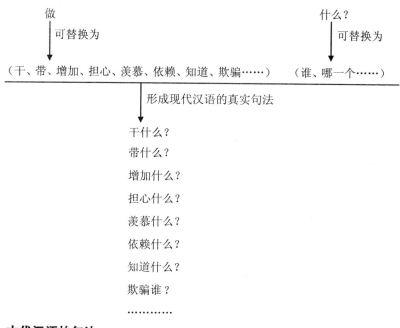

做
可替换为
↓
（干、带、增加、担心、羡慕、依赖、知道、欺骗……）

什么？
可替换为
↓
（谁、哪一个……）

形成现代汉语的真实句法

干什么？

带什么？

增加什么？

担心什么？

羡慕什么？

依赖什么？

知道什么？

欺骗谁？

·············

古代汉语的句法：

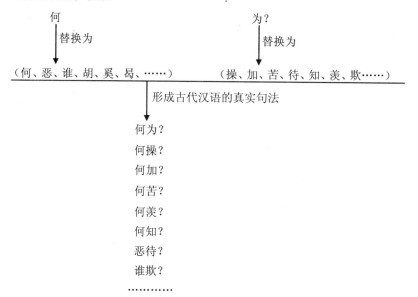

何
替换为
↓
（何、恶、谁、胡、奚、曷、……）

为？
替换为
↓
（操、加、苦、待、知、羡、欺……）

形成古代汉语的真实句法

何为？

何操？

何加？

何苦？

何羡？

何知？

恶待？

谁欺？

·············

难乎？不难！——古汉语与现代汉语句法比较

为了加深对这两种古今不同句法的印象,你不妨再仔细地阅读如下的例子(前为现代汉语,后为古代汉语):

(1)项王握着剑挺起身问:"客人是干(做)什么的?"——项王按剑而跽曰:"客何为者?"(司马迁《鸿门宴》)①

(2)张良问道:"大王来时带了什么?"——良问曰:"大王来何操?"(司马迁《鸿门宴》)

(3)丰厚的俸禄如果不辨别是否合乎礼仪就接受它,那么,丰厚的俸禄对我来说又增加了什么(好处)呢? ——万钟则不辨礼仪而受之,万钟于我何加焉?(孟子《鱼我所欲也》)

(4)而(我们)又羡慕什么呢?——而又何羡乎?(苏轼《赤壁赋》)

(5)这两只小虫又知道什么呢?——之二虫又何知?(庄子《逍遥游》)

(6)他将依赖什么呢!——彼且恶乎待哉?(乎:于。恶乎待:恶于待,即"恶待")(庄子《逍遥游》)

(7)我欺骗谁? 欺骗天吗!——吾谁欺? 欺天乎!(《论语·子罕》)

以上的讲解,你听懂了吗? 如果懂了,你不妨从古代汉语的句法中回到现代汉语的句法中(前为古代汉语,后为现代汉语):

(1)童子何知,躬逢胜饯。(王勃《滕王阁序》)——(我)年幼知道什么呀?(竟有幸)亲身遇上了(这次)盛大的宴会。(说明:在比较这两种不同的句法时,括号里所添加的文字可删除,下同。)

(2)管仲有病,桓公问之曰:"仲父之病病矣,可不讳云! 至于大病,

————————

① 本书例句多源于中学语文课本中的文言文,所引原文名称与中学课文名称相同。此外,也有部分例句源于中学语文课本之外的古代典籍,这部分引例的原文名称与古籍中的篇名一致。读者在阅读时应加以区分。

则寡人恶乎属国而乎?"管仲曰:"公谁欲与?"公曰:"鲍叔牙。"(《庄子·徐无鬼》)——管仲生病,齐桓公问他说:"仲父的病很重了,能不忌讳说说么! 要是病危,我把国家托付给谁才行呢?"管仲说:"你想给谁呢?"桓公说:"鲍叔牙。"

（3）人之为言,胡得焉?(《诗经·唐风·采苓》)——有人(喜欢)制造谣言,又能得到什么呢?

（4）其五曰:"呜呼曷归? 予怀之悲。"(《尚书·五子之歌》)——其中第五首说:"啊呀!（太康已覆灭,）我们将归依谁?"

管仲像

（5）藐藐孤女,曷依曷恃?(陶渊明《祭程氏妹文》)——幼小的孤女,依谁靠谁?

（6）圣王有百,吾孰法焉?(《荀子·非相》)——古代圣王有许多,我该效法哪一个呢?

以上我们经过由现代汉语句法到古代汉语句法,再到现代汉语句法的对比,相信你应该明白了"难乎? 不难"的这一命题了吧?

好了,为了检验一下你对古代汉语中这一句法的掌握程度,你不妨快速阅读下列古代汉语的疑问句,并试着用现代汉语说说。

（1）孟尝君曰:"客何好?"曰:"客无好也。"曰:"客何能?"曰:"客无能也。"(《战国策·齐策四》)

（2）内省不疚,夫何忧惧?(《论语·颜渊》)

（3）从道而出,是犹以一易两也,奚丧? 离道而内自择,是犹以两易一也,奚得?(《荀子·正名》)

(4)斯民曷仰？邦国殄瘁。（沈约《齐故安陆昭王碑文》）

(5)虽闻曷闻？虽见曷见？虽知曷知？（《吕氏春秋·任数》）

　　读者朋友,以上古代汉语中这类疑问句你读懂了吗？如果还没有完全读懂的话,请别急,下面我们再将上面疑问句现代汉语怎么说提供给你,你可以对照一下:

　　(1)孟尝君问道:"您爱好什么？"冯谖回答说:"没什么爱好。"又问:"您能做什么？"回答说:"没什么能力。"

　　(2)内心反省不惭愧,还担忧什么害怕什么？

　　(3)顺应事物的规律行事,就像用一物换两物,失去了什么呢？背离事物的规律而任意选择,就像用两物换一物,获得了什么呢？

　　(4)百姓将仰仗谁？国家如此困顿不安宁。

　　(5)虽然听了又听到了什么？虽然看了又看见了什么？虽然了解又了解到了什么？

　　［注:以上用现代汉语说的序号(1)(2)(3)(4)(5)表明与前面古代汉语中的(1)(2)(3)(4)(5)例相对照,以后还会有类似的对照,但不再另作说明。］

　　到现在为止,你应该是百分之百的读懂了吧。

　　下面其他句法的比较和讲解,我们将采取与此相似的方法,但在通常情况下,我们不再作与如上重复的分析,而只侧重于讲实例。

2. 在询问对方去哪里时,现代汉语说:去哪里？古代汉语说:奚适？

　　先读为快:去哪里？/奚适？　　去哪里？/奚适？　　去哪里？/奚适？……

　　那么,你知道以上两种句法的不同吗？

　　其不同点就在于:前者（现代汉语）疑问代词"哪里"在动词"去"的后边,后者（古代汉语）疑问代词"奚"在动词"适"的前面。

在"去哪里/奚适"的句法中,与"去/适"功能相当的动词,如"去/之"、"到/往"、"去/归"、"往/之"等,都可能出现在"去/适"这个动词的位置上;与"哪里/奚"功能相当的疑问代词,如"哪里/恶"、"哪里/何"、"哪里/安"等,都可能出现在"哪里/奚"这个疑问代词的位置上。

为了加深对这两种不同句法的印象,你不妨再仔细地阅读如下的例子(前为现代汉语,后为古代汉语):

(1)它将要去哪里呢? ——彼且奚适也?(庄子《逍遥游》)

(2)王看到有人牵牛从堂下走过,就问:"牛去哪里?"——王见之,曰:"牛何之?"(孟子《齐桓晋文之事》)

(3)覆没倒退的万种变化事端呈现在他眼前而不会搅扰他的内心,他到哪里而不从容呢? ——覆却万方陈乎前而不得入其舍,恶往而不暇?(《庄子·达生》)

如上的讲解,你如果懂了,就不妨再从古代汉语的句法回到现代汉语的句法中(前为古代汉语,后为现代汉语):

(1)此亦飞之至也,而彼且奚适也?(庄子《逍遥游》)——这也算飞到极致了,而它将要去哪里呢?

(2)轸不之楚,何归乎?(《史记·张仪陈轸列传》)——我(陈轸)不去楚国,去哪里呢?

(3)苟天下扰攘,逃将安之?(《三国志·魏书》)——如果天下动乱,那将逃往哪里呢?

为了检验一下你对古代汉语中这一句法的掌握程度,你不妨快速阅读下面古代汉语中的疑问句,并试着用现代汉语说说。

(1)王召陈轸告之曰:"吾能听子言,子欲何之?请为子约车。"

（《战国策·秦策一》）

（2）陈轸果安之？（《战国策·秦策一》）

（3）王曰："仪以子为之楚，吾又自知子之楚。子非楚，且安之也？"
（《战国策·秦策一》）

下面我们再将上面疑问句现代汉语的说法提供给你，你可以对照一下：

（1）秦惠王召见陈轸并询问他说："寡人愿意尊重贤卿的意见，只要贤卿说出想去哪里，寡人就为你准备车马。"

（2）陈轸到底要去哪里？

（3）惠王说："张仪认为你要去楚国，而寡人也知道你将去楚国，何况如果你不去楚国，又将去哪里安身呢？"

3. 在询问对方在什么地方时（包括在什么地方做某事），现代汉语说：在哪里？ 古代汉语说：安在？

先读为快：在哪里？/安在？　在哪里？/安在？　在哪里？/安在？……

这两种句法的不同点就在于：前者（现代汉语）疑问代词"哪里"在动词或介词"在"的后边，后者（古代汉语）疑问代词"安"在动词或介词"在"的前面。

在"在哪里/安在"的句法中，与"在/在"功能相当的动词（或介词），如"附着/傅"、"在/于"、"在/乎"、"由/从"、"从/从"等，都可能出现在"在/在"这个动词（或介词）的位置上；与"哪里/安"功能相当的疑问代词，如"哪里/恶"、"哪里/何"等，都可能出现在"哪里/安"这个疑问代词的位置上。

为了加深对这两种不同句法的印象，你不妨再仔细地阅读如下的例子（前为现代汉语，后为古代汉语）：

（1）本是一时的豪杰，如今在哪里呢？——固一世之雄也，而今安在哉？（苏轼《赤壁赋》）

（2）项王说："沛公在哪里？"——项王曰："沛公安在？"（司马迁《鸿门宴》）

（3）居住之处在哪里？"仁"便是；行走之路在哪里？"义"便是。——居恶在？仁是也；路恶在？义是也。（《孟子·尽心上》）

（4）请问老师在哪里（哪些方面）擅长？——敢问夫子恶乎长？（《孟子·公孙丑上》）（乎：于）

如上的讲解，你如果懂了，就不妨再从古代汉语的句法中回到现代汉语的句法中（前为古代汉语，后为现代汉语）：

（1）天之生我，我辰安在？（《诗经·小雅·小弁》）——老天如今生下我，我好时运在哪里？

（2）何由知吾可也？（孟子《齐桓晋文之事》）——从哪里知道我可以做到呢？

（3）王怒曰："女安从知之？"（《汉书·黥布传》）——王发怒说："你从哪里知道这件事的？"

孟子像

为了再检验一下你对古代汉语中这一句法的掌握程度，你不妨快速阅读下面古代汉语中的疑问句，并试着用现代汉语说说。

（1）杜蒉自外来，闻钟声，曰："安在？"曰："在寝。"（《礼记·檀弓下》）

（2）皮之不存，毛将安傅？（《左传·僖公十四年》）

（3）神女去已久，襄王<u>安</u>在哉？（李白《古风五十首·其五十八》）

（4）居<u>恶</u>在？（《孟子·尽心焉上》）

（5）伯高死于卫，赴于孔子。孔子曰："吾<u>恶乎</u>哭诸？……"（《礼记·檀弓上》）

下面我们再将上面疑问句现代汉语的说法提供给你，你可以对照一下：

（1）杜蒉从外面来，听到编钟声，说："（平公）在<u>哪</u>？"（仆人）说："在寝宫。"

（2）皮都不存在了，毛还能附着在<u>哪里</u>呢？

（3）神女离开已经很久了，楚襄王在<u>哪里</u>啊？

（4）居住在<u>哪里</u>？

（5）伯高死在卫国，有人来向孔子报丧。孔子说："我应该在<u>哪里</u>哭他呢？……"

4. 在询问对方为什么做某一事情时，现代汉语说：为<u>什么</u>？古代汉语说：<u>何</u>为？（注："为"是介词，读第四声。）

先读为快：为<u>什么</u>？／<u>何</u>为？　为<u>什么</u>？／<u>何</u>为？　为<u>什么</u>？／<u>何</u>为？……

这两种句法的不同点就在于：前者（现代汉语）疑问代词"什么"在介词"为"的后边，后者（古代汉语）疑问代词"何"在介词"为"的前面。

在"为<u>什么</u>／<u>何</u>为"的句法中，与"为／为"功能相当的介词，如"为／以"等，都可能出现在"为／为"这个介词的位置上；与"什么／何"功能相当的疑问代词，如"什么／胡"、"什么／奚"、"什么／曷"等，都可能出现在"什么／何"这个疑问代词的位置上。

为了加深对这两种不同句法的印象，你不妨再仔细地阅读如下的例子（前为现代汉语，后为古代汉语）：

（1）问客人说："为什么（奏出）这样（悲凉的声音）呢？"——问客曰："何为其然也？"（苏轼《赤壁赋》）

（2）为什么还要遑遑不安想去哪里？——胡为乎遑遑欲何之？（陶渊明《归去来分辞》）

（3）现在我看您的可尊的容貌，并不是有求于平原君的，为什么长久地居住在被围困的城池中不离开呢？——今吾观先生之玉貌，非有求于平原君者也，曷为久居此围城之中而不去？（《战国策·赵策三》）

（4）苏武痛骂卫律说："你做人家的臣下，不顾及恩德义理，背叛皇上、抛弃亲人，在异族那里做投降的奴隶，我为什么要见你！"——武骂律曰："汝为人臣子，不顾恩义，畔主背亲，为降虏于蛮夷，何以女为见？"（注：第二人称代词"女"作"见"的宾语前置。）（《汉书·苏武传》）

（5）蝉和斑鸠讥笑大鹏说："我们什么时候愿意飞就一下子飞起来，碰到榆树、枋树就停落在上边；有时力气不够，飞不到，落到地上就是了。为什么要高飞九万里而到那遥远的南海呢？"——蜩与学鸠笑之曰："我决起而飞，抢榆枋，时则不至而控于地而已矣，奚以之九万里而南为？"（庄子《逍遥游》）

如上的讲解，你如果懂了，就不妨从古代汉语的句法中回到现代汉语的句法中（前为古代汉语，后为现代汉语）：

（1）梦也，传之非其真也，东野之书，耿兰之报，何为而在吾侧也？（韩愈《祭十二郎文》）——如果是梦，传来的噩耗不是真的，可是东野的来信，耿兰的报丧，却又为什么在我身边呢？

（2）嗟尔远道之人胡为乎来哉？（李白《蜀道难》）——唉，你们远道的人为什么还要来呢？

（3）项王曰："此沛公左司马曹无伤言之。不然，籍何以至此？"（司马迁《鸿门宴》）——项王说："这是沛公的左司马曹无伤说的，不然的话，我为什么会这样呢？"

（4）适过之，曷以云无？（《唐宋传奇集·任氏传》）——刚刚过去，为什么说没有（看见）？

（5）曰："奚为后我？"（《孟子·尽心焉下》）——（他们埋怨）说："为什么（不先征伐我们这里，而要）把我们放到后头呢？"

为了检验一下你对古代汉语中这一句法的掌握程度，你不妨快速阅读下列古代汉语中的例句，并试着用现代汉语说说。

（1）人问何哭，姬曰："人杀吾子，故哭之。"人曰："姬子何为见杀？"（《史记·高祖本纪》）

（2）鲍牧恐祸起，乃复曰："皆景公子也，何为不可？"（《史记·齐太公世家》）

（3）曷为与人俱称王，卒就脯醢之地？（《战国策·赵策三》）

（4）周公旦即王所，曰："曷为不寐？"（《史记·周本纪》）

（5）将有所止之，则千里虽远，亦或迟、或速、或先、或后，胡为乎其不可以相及也！（《荀子·修身》）

（6）故学曰迟。彼止而待我，我行而就之，则亦或迟、或速、或先、或后，胡为乎其不可以同至也！（《荀子·修身》）

（7）乐正子入见，曰："君奚为不见孟轲也？"（《孟子·梁惠王下》）

（8）君其试臣，奚以遽言叱也！（《战国策·秦策五》）

（9）不然，籍何以至此？（司马迁《鸿门宴》）

下面我们再将上面疑问句现代汉语的说法提供给你，你可以对照一下：

（1）有人问她为什么哭，老妇人说："有人杀了我的孩子，我在哭他。"有人问："你的孩子为什么被杀呢？"

（2）鲍牧也怕惹起祸乱，就又说："都是景公的儿子，为什么不可以呢？"

（3）为<u>什么</u>魏国与秦国都平等称王，最终却居于被杀做成肉干、剁成肉酱的地位呢？

（4）周公旦来到武王的住处，问道："你为<u>什么</u>不能入睡？"

（5）如果有个终点，那么千里的路程虽然很远，也不过是有的走得慢一点、有的跑得快一点、有的先到一些、有的后到一些，为<u>什么</u>不能达到这个终点呢？

（6）所以学习如果迟缓落后了，在他们停下来等我时，我就赶上去靠近他们，那也就不过是或迟缓一些、或迅速一些、或超前一些、或落后一些，为<u>什么</u>不能同样到达目标呢？

（7）乐正子进见，说："鲁平公您为<u>什么</u>不见孟轲呢？"

（8）您还是让我试一试，为<u>什么</u>声色俱厉地喝叱我呢？

（9）要不然，我项籍为<u>什么</u>会这样呢？

5. 在询问对方为谁做某件事情时，现代汉语说：为谁？古代汉语说：谁为？

先读为快：为谁？／谁为？　为谁？／谁为？　为谁？／谁为？……

这两种句法的不同点就在于：前者（现代汉语）疑问人称代词"谁"在介词"为"的后边，后者（古代汉语）疑问人称代词"谁"在介词"为"的前面。

在"为谁／谁为"的句法中，与"谁／谁"功能相当的疑问代词，如"谁／孰"等，都可能出现在"谁／谁"这个疑问代词的位置上。

为了加深对这两种不同句法的印象，你不妨再仔细地阅读如下的例子（前为现代汉语，后为古代汉语）：

（1）安危尚不可预料，你还打算再为<u>谁</u>（守节）呢？——安危不可知，子卿尚复<u>谁</u>为乎？（班固《苏武传》）

（2）不为那个人悲恸还为<u>谁</u>悲恸？——非夫人之为恸而<u>谁</u>为？

（《论语·先进》）

（3）驾车的人说："徐国国君都已死了,（你挂你的佩剑在徐君坟墓上）还为谁呢"——御者曰："徐君已死,尚谁为乎?"（《论衡·祭意》）

《论衡》书影

如上的讲解,你如果懂了,就不妨再从古代汉语的句法中回到现代汉语的句法中（前为古代汉语,后为现代汉语）：

（1）谚曰："谁为为之,孰令听之?"（司马迁《报任安书》）——俗语说："为谁而做? 让谁来听呢?"

（2）神眇眇兮密靓处,君不御兮谁为荣? （班婕妤《自悼赋》）——目光痴呆地凝视着安静的密室,皇君再不肯驾临啊! 这都是为谁显摆在那里?

（3）校尉汝云、王隆等二十余人别斗,闻之,皆曰："廉公已死,吾谁为生?"（《汉书·王莽传》）——校尉汝云和王隆等二十多人在另外的地方进行战斗,听到这个消息,都说："廉丹将军已经死了,我们还为了谁活着?"

为了检验一下你对古代汉语中这一句法的掌握程度,你不妨快速阅读下列古代汉语中的例句,并试着用现代汉语说说。

（1）公曰："民死,寡人将谁为君乎? 宁独死。"（《吕氏春秋·季夏纪》）

（2）诚中之人,乐而不,如好声,熊之好经,夫有谁为矜? （《淮南子·缪称训》）

（3）孔子曰："孰为来哉？孰为来哉？"（《公羊传·哀公十四年》）

下面我们再将上面疑问句的现代汉语说法提供给你，你可以对照一下：

（1）景公说："百姓死了，我将为谁当国君呢？我宁肯独自去死。"
（2）内心真诚的人，他的快乐发自内心自然而然，如同鸲鸟喜欢歌唱、狗熊喜欢树上悬吊一样，它们又哪有为谁故作姿态保持矜持的成分？
（3）孔子说："它为谁而来啊？它为谁而来啊？"

6. 在询问对方和谁或与谁做某件事情时，现代汉语说：和谁？古代汉语说：谁与？

先读为快：和谁？／谁与？　和谁？／谁与？　和谁？／谁与……

这两种句法的不同点就在于：前者疑问代词"谁"在介词"和"的后边，后者疑问代词"谁"在介词"与"的前面。

在"和谁/谁与"的句法中，与"和/与"功能相当的介词，如"和/于"、"跟/与"等，都可能出现在"和/与"这个介词的位置上；与"谁/谁"功能相当的疑问代词，如"谁/恶"等，都可能出现在"谁/谁"这个疑问代词的位置上。

为了加深对这两种不同句法的印象，你不妨再仔细地阅读如下的例子（前为现代汉语，后为古代汉语）：

（1）唉！如果没有这种人，我和谁一道呢？——噫，微斯人，吾谁与归？（范仲淹《岳阳楼记》）
（2）季孙说："你事奉孔子，跟谁学习呢？"冉有说："就是跟着孔子学习……"——季孙曰："从事孔子，恶于学？"冉有曰："即学之孔子也……"（《孔子家语·正论解》）
（3）我的丈夫葬此，只身和谁居住？——予美亡此，谁与独处？

（《诗经·唐风·葛生》）

（4）再说那些强暴之国的君主，将和谁一起来攻打我们呢？——且夫暴国之君，将谁与至哉？（《荀子·议兵》）

（5）作为一个拥有万辆兵车大国的君主，却把心思用在这类邪僻的事情上，您的魂魄都丢失了，还跟谁一起谋划称霸诸侯呢？——万乘之君，而壹心于邪，君之魂魄亡矣，以谁与图霸哉？（《晏子春秋·景公矜冠裳游》）

如上的讲解，你如果懂了，就不妨再从古代汉语的句法中回到现代汉语的句法中（前为古代汉语，后为现代汉语）：

（1）天子者，埶位至尊，无敌于天下，夫有谁与让矣？（《荀子·政论》）——天子权势地位至高无上，在天下无与伦比，他又和谁推让呢？

（2）在于王所者，长幼卑尊，皆薛居州也，王谁与为不善？（《孟子·滕文公下》）——如果在王宫中的人，无论年龄大小还是地位高低都是像薛居州那样的好人，那君王和谁去做坏事呢？

（3）赵文子与叔誉观乎九原，文子曰："死者如可作也，吾谁与归？"（《礼记·檀弓下》）——赵文子和叔誉一同到九原去巡视。赵文子说："死了的人如果能复活，我跟随谁好呢？"

（4）子路曰："子行三军，则谁与？"（《论语·述而》）——您若率领军队，那么和谁（共事）呢？

（5）予美亡此，谁与独旦？——我的丈夫葬此，只身和谁到天亮。（《诗经·唐风·葛生》）

为了检验一下你对古代汉语中这一句法的掌握程度，你不妨快速阅读下面古代汉语中的例句，并试着用现代汉语说说。

（1）子路行以告，夫子怃然曰："鸟兽不可与同群！吾非斯人之徒与

而谁与？天下有道,丘不与易也。"(《论语·微子》)

(2)在王所者,长幼卑尊,皆非薛居州也,王谁与为善?(《孟子·滕文公下》)

(3)弗必走,齐王谁与为其国?(弗:人名,祝弗)(《战国策·东周策·谓薛公》)

(4)王抽旃旄而抑兕首,仰天而笑曰:"乐矣,今日之游也。寡人万岁千秋之后,谁与乐此矣。"(《战国策·楚策一·江乙说于安陵君》)

(5)王问申子曰:"吾谁与而可?"对曰:"此安危之要,国家之大事也。臣请深惟而苦思之。"（《战国策·韩策一》）

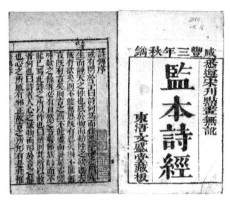

《诗经》书影

(6)予美亡此,谁与独息?（《诗经·唐风·葛生》）

(7)或曰:"寇至,盍去诸?"子思曰:"如伋去,君谁与守。"（《孟子·离娄章句下》）

下面我们再将上面疑问句的现代汉语说法提供给你,你可以对照一下:

(1)子路回来把情况告诉给孔子,孔子很失望地说:"鸟兽不可以与它们合群共处的!我如果不和世上的人打交道那还和谁打交道呢?如果天下太平,我就不会与你们一起来从事改革了。"

(2)如果在王宫中的人,无论年龄大小,地位高低都不是像薛居州那样的好人,那君王又和谁去做好事呢?

(3)祝弗一定会离开齐国,这样齐王还和谁来治理他的国政呢?

(4)楚王随手拔起一根旗杆,接住犀牛的头,仰天大笑,说:"今天的游览,实在太高兴了!我要是百年之后,又能和谁一道享受这种快

乐呢?"

（5）韩王问申不害说："我和哪个国家友好更合适呢?"申不害回答说："这是安危的关键,国家的大事。我要深思熟虑一番。"

（6）我的丈夫葬此,只身和谁歇息?

（7）有人说："有敌人来了,您何不离开这里呢?"子思说："如果我也离开,那么国君和谁来守城呢?"

7. 在询问对方凭什么做某事时,现代汉语说:凭什么? 古代汉语说:何以?

先读为快:凭什么? /何以? 凭什么? /何以? 凭什么? /何以? ……

这两种句法的不同点就在于:前者（现代汉语）疑问代词"什么"在介词"凭"的后边,后者（古代汉语）代词"何"在介词"以"的前面。

在"凭什么/何以"的句法中,与"凭/以"功能相当的介词,如"靠/以"、"根据/以"、"依据/以"等,都可能出现在"凭/以"这个介词的位置上;与"什么/何"功能相当的疑问代词,如"什么/奚"、"什么/曷",都可能出在"什么/何"这个疑问代词的位置上。

为了加深对这两种不同句法的印象,你不妨再仔细地阅读如下的例子（前为现代汉语,后为古代汉语）：

（1）赵王问："您凭什么知道他可以出使呢?"——王问:"何以知之?"（司马迁《廉颇蔺相如列传》）

（2）曹刿于是进见。问（庄公）："您凭什么（同齐国）作战?"——乃入见。问:"何以战?"（《左传·曹刿论战》）

如上的讲解,你如果懂了,就不妨再从古代汉语的句法中回到现代汉语的句法中（前为古代汉语,后为现代汉语）：

（1）子卿不欲降，<u>何以</u>过陵？（班固《苏武传》）——你不想投降的心情，凭<u>什么</u>能超过当时我李陵呢？

（2）于是李陵置酒贺武曰："……虽古竹帛所载，丹青所画，<u>何以</u>过子卿？"（班固《苏武传》）——于是李陵安排酒筵向苏武祝贺说："……即使古代史书所记载的事迹，图画所绘的人物，凭<u>什么</u>能超过你？"

（3）<u>奚以</u>知舜之能也？（《韩非子·有度》）——凭<u>什么</u>知道舜有治国的才能呢？

为了再试验一下你对古代汉语的这一句法的掌握程度，你不妨快速阅读下面古代汉语中的例句，并试着用现代汉语说说。

（1）一旦山陵崩，长安君<u>何以</u>自托于赵？（《战国策·触龙说赵太后》）

（2）君<u>何以</u>知燕王？（司马迁《廉颇蔺相如列传》）

（3）<u>曷以</u>知舞之意？曰：目不自见，耳不自闻也，然而治俯仰、诎信、进退、迟速，莫不廉制，尽筋骨之力，以要钟鼓俯会之节，而靡有悖逆者，众积意讓讓乎！（《荀子·乐论》）

下面我们再将上面疑问句的现代汉语说法提供给你，你可以对照一下：

（1）有朝一日您逝世，长安君靠<u>什么</u>在赵国立足？

（2）你凭<u>什么</u>知道燕王？

（3）凭<u>什么</u>来了解舞蹈的含意呢？回答说：跳舞的人眼睛不能看见自己的形体，耳朵不能听到自己的声音，但是处理低头、抬头、弯曲、伸直、前进、后退、缓慢、快速的动作时无一不是以正直来制约，尽身体的力量去探求钟、鼓俯仰会合的节奏，而没有丝毫悖逆之处，积各种动作之含意大概就是舒缓悠长吧！

8.在询问对方用什么做某事时,现代汉语说:用什么？古代汉语说：何以？

先读为快:用什么？/何以？ 用什么？/何以？ 用什么？/何以？……

这两种句法的不同点就在于:前者(现代汉语)疑问代词"什么"在介词"用"的后边,后者疑问代词"何"在介词"以"的前面。

在"用什么/何以"的句法中,与"用/以"功能相当的介词,如"拿/以"等,都可能出现在"用/以"这个介词的位置上;与"什么/何"功能相当的疑问代词,如"什么/奚"、"什么/曷"、"什么/胡"等,都可能出现在"什么/何"这个疑问代词的位置上。

为了加深对这两种不同句法的印象,你不妨再仔细地阅读如下的例子(前为现代汉语,后为古代汉语):

(1)用什么来解忧愁啊？只有用杜康这样的酒。——何以解忧？唯有杜康。(曹操《短歌行》)

(2)左伊秩訾说:"假如是谋杀单于,又该用什么(刑法)再施加于他呢？"——左伊秩訾曰:"即谋单于,何以复加？"(班固《苏武传》)

(3)人们不赞同正道而背离它,还能用什么来增益它而使国家安定呢？——不可道而离之,奚以益之而治？(《荀子·正名》)

如上的讲解,你如果懂了,就不妨再从古代汉语的句法中回到现代汉语的句法中(前为古代汉语,后为现代汉语):

(1)王曰:"子归,何以报我？"(《左传·成公三年》)——楚王说:"您如果被送归国,拿什么报答我？"

(2)卒然边境有急,数十百万之众,国胡以馈之？(《汉书·食货志》)——突然边境发生危急,数十百万的军队,国家拿什么来提供他们粮饷？

为了检验一下你对古代汉语中这一句法的掌握程度,你不妨快速阅读下面古代汉语中的例句,并试着用现代汉语说说。

(1)故可道而从之,奚以损之而乱?(《荀子·正名》)
(2)非药曷以愈疾?非兵胡以定乱?(柳宗元《愈膏肓疾赋》)

下面我们再将上面例句现代汉语的说法提供给你,你可以对照一下:

(1)所以,人们赞同正道而依从它,还能用什么来损害它而使国家动乱呢?
(2)没有药用什么治愈疾病?没有武器用什么平定叛乱?

9.在询问对方对某件事情的看法时,现代汉语说:怎么样? 古代汉语说:何如?

先读为快:怎么样?/何如? 怎么样?/何如? 怎么样?/何如?……

这两种句法的不同点就在于:前者(现代汉语)疑问代词“怎么”是一个修饰性成分,为名词中心语“样”的修饰语;后者(古代汉语)疑问代词“何”是一个宾语成分,为动词“如”的宾语。

在“怎么样/何如”的句法中,与“怎么样/何如”功能相当的疑问短语,如“怎么回事/何如”、“怎么样/何若”、“怎么办/何如”、“怎么样/奚如”、“怎么办/奚如”等,都可能出现在“怎么样/何如”这个疑问短语的位置上。

为了加深对这两种不同句法的印象,你不妨再仔细阅读如下的例子(前为现代汉语,后为古代汉语):

(1)孟子回答说:“……凭(自己只逃跑了)五十步而耻笑(别人逃

跑了)一百步,那又<u>怎么样</u>呢?"——孟子对曰:"……以五十步笑百步,则<u>何如</u>?"(孟子《寡人之于国》)

(2)荆轲说:"现在有一句话,既可解除燕国的祸患,又可报将军的仇恨,(你看)<u>怎么样</u>?"——轲曰:"今有一言,可以解燕国之患,而报将军之愁者,<u>何如</u>?"(《战国策·荆轲刺秦王》)

(3)樊哙问:"今天的事情<u>怎么样</u>?"——樊哙曰:"今日之事<u>何如</u>?"(司马迁《鸿门宴》)

(4)现在有孝顺如曾参,廉洁如伯夷,讲信用如尾生的人,能得到这样三个人来为您效劳,<u>怎么样</u>? ——今有孝如曾参,廉如伯夷,信如尾生,得此三人者以事大王,<u>何若</u>?(《史记·苏秦列传》)

(5)等到里克将要杀奚齐,预先告诉荀息说:"申生、重耳、夷吾等三方的怨恨要发作了,秦国、晋国人都赞助他们,您打算<u>怎么办</u>?"——及里克将杀齐,先告荀息曰:"三怨将作,秦晋辅之,子将<u>何如</u>?"(《左传·僖公九年》)

(6)秦昭王说:"孟尝君尊敬贤人,<u>怎么样</u>?"——昭王曰:"孟尝君之好人也,<u>奚如</u>?"(《战国策·齐策四》)

如上的讲解,你如果懂了,则不妨再从古代汉语的句法中回到现代汉语的句法中(前者为古代汉语,后者为现代汉语):

(1)其辱人贱行,视五人之死,轻重固<u>何如</u>哉?(张溥《五人墓碑记》)——他们那可耻的人格,卑贱的行为,比起这五个人的死来,轻重的差别到底怎么样呢?

(2)曰:"德<u>何如</u>,则可以王矣?"(《孟子·齐桓晋文之事》)——(齐宣王)说:"道德怎么样,才可以行王道以统一天下呢?"

(3)曰:"好乐<u>何如</u>?"(《孟子·庄暴见孟子》)——(大王)问:"喜好音乐怎么样?"

(4)今使鲁四境之内,大都攻其小都,大家伐其小家,杀其人民,取其牛马狗豕布帛米粟货财,则<u>何若</u>?(《墨子·鲁问》)——现在假使在鲁国境内,大城市攻打小城市,势力大的大夫攻打势力小的大夫,杀掉那里的人民,抢掉那里的家畜、家禽、布匹、绸缎、粮食、钱财,那<u>怎么样</u>?

《墨子》书影

(5)数岁,陈胜起,二世召博士诸儒生问曰:"楚戍卒攻蕲入陈,于公<u>何如</u>?"(《汉书·叔孙通传》)——数年后,陈胜起义,秦二世召集那些博士及诸位儒生问道:"楚国防戍的士卒已攻破蕲县进入陈县,在你们看来<u>应该怎么办</u>?"

(6)日在天,视其<u>奚如</u>?(《吕氏春秋·淫辞》)——太阳在天上,看看它<u>怎么样</u>?

为了检验一下你对古代汉语中这一句法的掌握程度,你不妨快速阅读下面古代汉语中的疑问句,并试着用现代汉语说说。

(1)今仆不幸,早失父母,无兄弟之亲,独身孤立,少卿视仆于妻子<u>何如哉</u>?(司马迁《报任安书》)

(2)晋鄙合符,疑之,举手视公子曰:"今吾拥十万之众,屯于境上,国之重任。今单车来代之,<u>何如哉</u>?"(司马迁《信陵君窃符救赵》)

(3)夫子哂之。"求,尔<u>何如</u>?"……"赤,尔<u>何如</u>?"……"点,尔<u>何如</u>?"(《论语·子路曾皙冉有公西华侍坐》)

(4)曾皙曰:"夫三子者之言<u>何如</u>?"(《论语·子路曾皙冉有公西华侍坐》)

(5)崔杼弑庄公,子将<u>奚如</u>?(刘向《说苑·立节》)

快乐阅读书系

　　下面我们再将上面疑问句的现代汉语说法提供给你,你可以对照一下:

　　(1)现在我不幸,早年失去了父母,(又)没有亲兄弟,独自一人,至于对妻子儿女<u>怎么样</u>,少卿是看得出来的吧?

　　(2)晋鄙合对上兵符,怀疑这件事,举起手来看一看公子,说:"现在我拥有十万大军,驻扎在边境,是国家的重任。现在(您)却只身前来代替我,<u>怎么回事呢</u>?"

　　(3)孔子(听了)微微一笑。然后说:"曾点,你<u>怎么样</u>?"……"公西华,你<u>怎么样</u>?"……"冉有,你<u>怎么样</u>?"

　　(4)曾皙问:"(他们)三位的话<u>怎么样</u>?"

　　(5)崔杼杀了庄公,你将<u>怎么办</u>?

10. 在反问对方(某某)有什么罪过时,现代汉语说:(某某)有<u>什么罪</u>? 古代汉语说:(某某)何罪之有?

　　先读为快:(某某)有<u>什么罪</u>? /(某某)何罪之有? (某某)有<u>什么罪</u>? /(某某)何罪之有? (某某)有<u>什么罪</u>? /(某某)何罪之有? ……

　　这两种句法的不同点就在于:前者(现代汉语)疑问短语"什么罪"在动词"有"的后边,后者疑问短语"何罪"在"之 + 动词'有'"的前面。其中"什么"与"何"相当。

　　在"有<u>什么罪</u>/何罪之有"的句法中,与"罪/罪"功能相当的词语,如"满足/厌"、"简陋/陋"、"晚/后"、"福分/福"、"继承人/继"等,都可能出现在"罪/罪"这个词语的位置上。

　　为了加深对这两种不同句法的印象,你不妨再仔细阅读如下的例子(前为现代汉语,后为古代汉语):

　　(1)宋国有<u>什么罪</u>? ——宋何罪之有?(《墨子·公输》)

（2）那个晋国，有什么可满足的？——夫晋，何厌之有？（《左传·烛之武退秦师》）

（3）孔子说："有什么简陋呢？"——孔子云："何陋之有？"（刘禹锡《陋室铭》）

（4）勾践说："如果能够让我听听您的高见，有什么晚呢？"——勾践曰："苟得闻子大夫之言，何后之有？"（后：晚）（《国语·勾践灭吴》）

（5）现在百姓各存一心，鬼神也缺乏主人，君王虽然自己祭祀丰盛，又能有什么福分呢？——今民各有心，而鬼神乏主，君虽独丰，其何福之有？（《左传·桓公六年》）

（6）天子赐给他命圭而他接受玉瑞时懒洋洋的，这就是自暴自弃了，他还会有什么继承人？——王赐之命，而惰于受瑞，先自弃也已，其何继之有？（《左传·僖公十一年》）

如上的讲解，你如果懂了，就不妨再从古代汉语的句法中回到现代汉语的句法中（前为古代汉语，后为现代汉语）：

（1）民不见德？而唯戮是闻？其何后之有？（《左传·僖公二十三年》）——老百姓看不到德行，而只听到杀戮，他还有什么后代之福呢？

（2）子玉刚而无礼，不可以治民；过三百乘，其不能以入矣。苟入而贺，何后之有？（《左传·僖公二十七年》）——子玉刚愎无礼，不能让他治理军民；率领的兵车超过三百辆，恐怕就不能回来了。如果回来，再祝贺，还有什么晚呢？

（3）赵孟曰："辰嬴贱，班

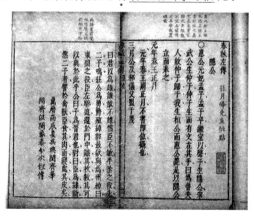

《左传》书影

在九人,其子**何震之有**?"(《左传·文公六年》)——赵盾说:"辰嬴低贱,位次在第九,她的儿子有**什么威严**?"

(4)子舟曰:"当官而行,**何强之有**?"(《左传·文公十年》)——子舟说:"按照职责行事,有**什么强横**?"

(5)以乱平乱,**何治之有**? 无治,**何以行礼**?(《左传·宣公四年》)——用动乱去平定动乱,还有**什么太平**? 没有太平,用什么来推行礼?

(6)过而不改,而又久之,以成其悔,**何利之有**焉?(《左传·宣公十七年》)——做错了而不加以改正,而又久久拘禁他们不肯释放,造成他们的后悔,这有**什么利益**呢?

为了检验一下你对古代汉语中这一句法掌握的程度,你不妨快速阅读下面古代汉语中的例句,并试着用现代汉语说说。

(1)虽克,不令。成师以出,而败楚之二县,**何荣之有**焉?(《左传·成公六年》)

(2)子反曰,敌利则进,**何盟之有**?(《左传·成公十五年》)

(3)欢以承命,**何时之有**?(《左传·襄公八年》)

(4)得主,**何贰之有**?(《左传·襄公二十三年》)

(5)敬其父命,**何常之有**?(《左传·襄公二十三年》)

(6)**何长之有**? 唯其才也。(《左传·襄公二十三年》)

(7)子皙曰"可则往,难则已,**何世之有**?"(《左传·襄公二十九年》)

(8)濯以救热,**何患之有**?(《左传·襄公三十一年》)

(9)君日不悛,以乐慆忧。公室之卑,其**何日之有**?(《左传·昭公三年》)

(10)晋有三不殆,其**何敌之有**?(《左传·昭公四年》)

(11)郤伯见。公曰:"子之力也夫!"对曰:"君之训也,二三子之力也,臣何<u>力</u>之有焉?"范叔见,劳之如郤伯。对曰:"庚所命也,克之制也,燮何<u>力</u>之有焉?"栾伯见,公亦如之。对曰:"燮之诏也,士用命也,书何<u>力</u>之有焉?"(《左传·成公二年》)

下面我们再将上面例句的现代汉语说法提供给你,你可以对照一下:

(1)既使胜利,也不算光荣。发动大军出来作战,仅仅打败楚国两个县的军队,有<u>什么光荣</u>呢?

(2)子反说:"敌情有利于我就进攻,有<u>什么结盟不结盟</u>的?"

(3)高高兴兴地接受命令,有<u>什么时间早晚</u>呢?

(4)得到了主人的信任,还有<u>什么二心</u>?

(5)恭敬地对待父亲的命令,事情有<u>什么固定不变</u>的呢?

(6)有<u>什么年长不年长</u>的? 只因他有才。

(7)子晳说:"可以去就去,有危难就不去,有<u>什么时代不时代</u>的?"

(8)用洗澡来消除炎热,有<u>什么忧虑</u>的呢?

(9)国君一天天地不改悔,用欢乐来排遣忧虑。公室的卑微,还能有<u>几天</u>?

(10)晋国有三个方法可以免除危险,还有<u>什么可与之相匹敌</u>的呢?

(11)郤克拜见晋景公。晋景公说:"这次战胜齐国是你的力量啊!"郤克回答说:"是国君的训教,其他将帅出力,我有<u>什么力量</u>?"士燮拜见景公,晋景公像对郤克一样慰劳士燮。士燮回答说:"是受荀庚的吩咐,是郤克的谋略制敌获胜的,士燮我有<u>什么力量</u>?"栾书拜见晋景公,晋景公也像对郤克、士燮一样慰劳栾书。栾书回答说:"是士燮的指示,士兵服从命令听从指挥,栾书有<u>什么力量</u>?"

第二章

判断句之别

什么是判断句？判断句是说明人或事物是什么或不是什么的句子。其中"人或事物"称为判断对象，"什么"称为判断结果。

1. 在判断某人或某事物是什么时，如"陈胜是阳城人"，现代汉语说：陈胜是阳城人；古代汉语说：陈胜者，阳城人也。

先读为快：陈胜是阳城人/陈胜者，阳成人也；陈胜是阳城人/陈胜者，阳成人也；陈胜是阳城人/陈胜者，阳成人也……

那么，你知道以上两种句法的不同吗？

其不同点就在于：前者（现代汉语）判断对象"陈胜"和判断结果"阳城人"之间有一判断词"是"连接；后者（古代汉语）判断对象"陈胜"和判断结果"阳城人"之间没有判断词"是"连接，但其判断对象"陈胜"后有一语气词"者"，以提示停顿，判断结果"阳城人"后有一语气词"也"，以提示结果。

需要说明的是，在"陈胜是阳城人/陈胜者，阳城人也"的句法中，与"陈胜/陈胜"相当的判断对象有无数个，它们都可能出现在"陈胜/陈胜"这个判断对象的位置上；与"阳城人/阳城人"相当的判断结果也有无数个，它们都可能出现在"阳城人/阳城人"这个判断结果的位置上。此外，在古汉语"陈胜者，阳城人也"的句法中，与"者"相当的语气词还有"也"，与"也"相当的语气词还有"矣"，但它们出现的概率都较低。

为了加深对这两种不同句法的印象,你不妨再仔细阅读如下的例子(前为现代汉语,后为古代汉语):

(1)陈胜是阳城人。——陈胜者,阳城人也。(司马迁《陈涉世家》)

(2)吴广是阳夏人。——吴广者,阳夏人也。(司马迁《陈涉世家》)

(3)南海,是个天然的大池。——南冥者,天池也。(《庄子·逍遥游》节选)

(4)诸葛孔明,是卧龙。——诸葛孔明者,卧龙也。(陈寿《隆中对》)

(5)楚国的左尹项伯,是项羽的叔父。——楚左尹项伯者,项羽季父也。(司马迁《鸿门宴》)

(6)老师是传授道理,传授学业,解释疑难的人。——师者,所以传道授业解惑也。(韩愈《师说》)

(7)那噌的响声,是周景王无射钟的声音。——噌吰者,周景王之无射也。(苏轼《石钟山记》)

(8)那吴国与越国,是世代互相仇视,互相攻伐的国家。——夫吴之与越也,仇雠敌战之国也。(《国语·勾践灭吴》节选)

如上的讲解,你如果懂了,就不妨再从古代汉语的句法中回到现代汉语的句法中(前为古代汉语,后为现代汉语):

(1)蔺相如者,赵人也。(司马迁《廉颇蔺相如列传》节选)——蔺相如是赵国人。

(2)廉颇者,赵之良将也。(司马迁《廉颇蔺相如列传》节选)——廉颇是赵国优秀的将领。

(3)贤士大夫者,同卿因之吴公,太史文起文公、孟长姚公也。(张溥《五人墓碑记》)——前面提到有声望的士大夫是:太仆卿吴因之公,太史文起文公、姚孟长公。

（4）亚父者，范增也。（司马迁《鸿门宴》）——亚父就是范增。

（5）东谷者，古谓之天门溪水，余所不至也。（姚鼐《登泰山记》）——东边的山谷，古时候称它为"天门溪水"，是我没有到过的山谷。

（6）魏公子无忌者，魏昭王子少子而魏安釐王异母弟也。（司马迁《信陵君窃符救赵》节选）——魏国的公子无忌，是魏昭王的小儿子，也是魏安釐王的(同父)异母的弟弟。

（7）窾坎镗鞳者，魏庄子之歌钟也。（苏轼《石钟山记》）——窾坎镗鞳的响声，是魏庄子歌钟的声音。

为了再检验一下你对古代汉语中这一句法的掌握程度，你不妨再快速阅读如下古代汉语中的例句，并试着用现代汉语说说。

（1）率然者，常山之蛇也。（《孙子兵法·九地》）

（2）韩子卢者，天下之疾犬也；东郭逡者，海内之狡兔也。（《国策·齐策三》）

（3）童寄者，柳州荛牧儿也。（柳宗元《童区寄传》）

（4）夫仁义者，上所以劝下也。（《韩非子·外诸说左下》）

（5）君者，出令者也；臣者，行君之令而致之民者也；民者，出粟米麻丝，作器皿，通货财，以事其上者也。（韩愈《原道》）

柳宗元雕像

下面我们再将上面判断句的现代汉语说法提供给你，你可以对照一下：

（1）率然是常山的一种蛇。

（2）<u>韩子卢</u>是<u>天下跑得极快的犬</u>；<u>东郭逡</u>是<u>天下人所共知的极其狡猾的兔子</u>。

（3）<u>儿童区寄</u>是<u>柳州一个打柴放牛的孩子</u>。

（4）<u>仁义</u>是<u>君主用来勉励臣下的</u>。

（5）<u>君王</u>是<u>发布命令的人</u>；<u>臣子</u>是<u>执行君王的命令并且实施到百姓身上的人</u>；<u>百姓</u>是<u>生产粮食、丝麻，制作器物，交流商品，供奉在上统治者的人</u>。

2. 在判断某人或某事物是什么时，如"陈胜是阳城人"，现代汉语说：陈胜是阳城人。古代汉语还可以说：陈胜，阳城人也。

先读为快：<u>陈胜</u>是<u>阳城人</u>／<u>陈胜</u>，<u>阳成人</u>也；<u>陈胜</u>是<u>阳城人</u>／<u>陈胜</u>，<u>阳成人</u>也；<u>陈胜</u>是<u>阳城人</u>／<u>陈胜</u>，<u>阳成人</u>也……

这两种句法的不同点就在于：前者（现代汉语）判断对象"陈胜"和判断结果"阳城人"之间有一判断词"是"连接；后者（古代汉语）判断对象"陈胜"和判断结果"阳城人"之间没有判断词"是"连接，但其判断结果"阳城人"后有一语气词"也"字，以提示结果。

在"<u>陈胜</u>是<u>阳城人</u>／<u>陈胜</u>，<u>阳成人</u>也"的句法中，与"陈胜/陈胜"相当的判断对象有无数个，它们都可能出现在"陈胜/陈胜"这个判断对象的位置上；与"阳城人/阳城人"相当的判断结果也有无数个，它们都可能出现在"阳城人/阳城人"这个判断结果的位置上。

为了加深对这两种不同句法的印象，你不妨再仔细阅读如下的例子（前为现代汉语，后为古代汉语）：

（1）<u>城北的徐公</u>，是<u>齐国的美男子</u>。——<u>城北徐公</u>，<u>齐国之美丽者</u>也。（《战国策·邹忌讽齐王纳谏》）

（2）<u>和氏璧</u>是<u>天下公认的宝贝</u>。——<u>和氏璧</u>，<u>天下所共传宝</u>也。（司马迁《廉颇蔺相如列传》）

（3）<u>奂山的山市</u>，是<u>淄川县八景中的一景</u>。——<u>奂山山市</u>，<u>邑八景</u>

之一也。（蒲松龄《山市》）

（4）鱼是我想要的。——鱼，我所欲也。（孟子《鱼我所欲也》）

（5）项脊轩，（就）是原来的南阁子。——项脊轩，旧南阁子也。（归有光《项脊轩志》）

（6）这是我报答先帝、忠于陛下的职责。——此臣所以报先帝而忠陛下之职分也。（诸葛亮《出师表》）

（7）太守是谁？就是庐陵人欧阳修。——太守谓谁？庐陵欧阳修也。（欧阳修《醉翁亭记》）

（8）灭六国的是六国自己。——灭六国者，六国也。（杜枚《阿房宫赋》）（注：此"者"是代词，和前面部分一起构成一个名词性短语，不属于以上的第1种类型。）

（9）脸色苍老、头发花白，醉醺醺地坐在人群中间的，是喝醉了的太守。——苍颜白发，颓然乎其间者，太守醉也。（欧阳修《醉翁亭记》）

（10）山上野味菜蔬，杂七杂八摆放在面前的，是太守的酒宴。——山肴野蔌，杂然而前陈者，太守宴也。（欧阳修《醉翁亭记》）

（11）我的妻子认为我漂亮，是偏爱我；妾认为我漂亮，是害怕我；客人认为我漂亮，是想有求于我。——吾妻之美我者，私我也；妾之美我者，畏我也；客之美我者，欲有求于我也。（《战国策·邹忌讽齐王纳谏》）

（12）这三件事是我的遗恨。——此三者，吾遗恨也。（欧阳修《伶官传序》）

（13）这是见识浅薄的人发怒，不是有胆识的人发怒。——此庸夫之怒也，非士之怒也。（刘向《唐雎不辱使命》）

（14）我认为，菊花，是花中的隐士；牡丹，是花中的宝贵者；莲花，是花中的君子。——予谓菊，花之隐逸者也；牡丹，花之富贵者也；莲，花之君子者也。（周敦颐《爱莲说》）

（15）这就是求学的人不得不深入思考而要谨慎采取传闻材料的道理。——此所以学者不可以不深思而慎取之也。（王安石《游褒禅山

记》)

如上的讲解,你如果懂了,就不妨再从古代汉语的句法中回到现代汉语的句法中(前为古代汉语,后为现代汉语):

(1)弈秋,通国之善弈者也。(《弈秋》)——弈秋是全国的下棋圣手。

(2)浙江之潮,天下之伟观也。(周密《观潮》)——钱塘江汹涌的海潮是天下的壮观。

(3)生,亦我所欲也。(孟子《鱼我所欲也》)——生命是我想要的。

(4)项王按剑而跽曰:"客何为者?"张良曰:"沛公之参乘樊哙者也。"(司马迁《鸿门宴》)——项王握着剑挺起身问:"客人是干什么的?"张良说:"是沛公的参乘樊哙。"

(5)族秦者,秦也。(杜枚《阿房宫赋》)——灭秦国的是秦王自己。

(6)若夫日出而林霏(fēi)开,云归而岩穴暝,晦明变化者,山间之朝暮也。(欧阳修《醉翁亭记》)——至于太阳一出,林间的雾气消散,烟云聚拢而山谷洞穴昏暗了,或暗或明变幻无定,这是山中的早晨和傍晚的景色。

(7)宴酣之乐,非丝非竹。射者中,弈者胜,觥筹交错,起坐而喧哗者,众宾欢也。(欧阳修《醉翁亭记》)——宴会喝酒的乐趣,不在于音乐。投壶的投中了,下棋的下赢了,酒杯和酒筹交互错杂,站着或坐着大声喧哗的,是欢悦的众位宾客。

欧阳修像

(8)然而不胜者,是天时不如地利也。(孟子《得道多助,失道寡助》)——这样却不能取胜,这是因为有利于作战的天气时令比不上有利于作战的地理形势。

（9）此无他，不与民同乐也。（孟子《庄暴见孟子》）——这没有别的原因，是由于不和民众一起娱乐的缘故。

（10）是知也。（《论语》十则）——这就是聪明智慧。

（11）鲦鱼出游从容，是鱼之乐也。（庄子《庄子与惠子游于濠梁》）——白鱼在河水中游得多么悠闲自得，这是鱼的快乐啊。

为了再检验一下你对古代汉语中这一句法的掌握程度，你不妨再快速阅读如下古代汉语中的例句，并试着用现代汉语说说。

（1）南阳刘子骥，高尚士也。（陶渊明《桃花源记》）

（2）我，子瑜友也。（《资治通鉴·汉纪·献帝建安十三年》）

（3）然陈涉瓮牖绳枢之子，氓隶之人，而迁徙之徒也。（贾谊《过秦论》）

（4）一行有五点明处，楼外天也。（蒲松龄《山市》）

（5）今所谓慧空禅院，褒之庐冢也。（王安石《游褒禅山记》）

（6）望之蔚然而深秀者，琅琊也。（欧阳修《醉翁亭记》）

（7）泻出于两峰之间者，酿泉也。峰回路转有亭翼然临于泉上者，醉翁亭也。（欧阳修《醉翁亭记》）

（8）野芳发而幽香，佳木秀而繁阴，风霜高洁，水落而石出者，山间之四时也。（欧阳修《醉翁亭记》）

（9）当其南北分者，古长城也。（姚鼐《登泰山记》）

（10）虽有槁暴，不复挺者，輮使之然也。（《荀子·劝学》）

（11）夫韩魏灭亡，而安陵以五十里之地存者，徒以有先生也。（刘向《唐雎不辱使命》）

（12）人死，则曰："非我也，岁也。"（孟子《寡人之于国也》）

（13）夫战，勇气也。（《左传·曹刿论战》）

（14）此天子气也。（司马迁《鸿门宴》）

（15）宋，所谓无雉兔鲋鱼者也。（墨子《公输》）

（16）吾君,龙也。[李朝威《柳毅传》(节选)]

（17）此世所以不传也。(苏轼《石钟山记》)

下面我们再将上面判断句的现代汉语说法提供给你,你可以对照一下:

（1）南阳刘子骥,是个高尚的名士。

（2）我是子瑜的朋友。

（3）然而陈涉是一个用破瓮做窗户,用绳子系门轴的穷苦人家的子弟,是一个耕田做奴隶的人,而且是一个被征调往渔阳守边的人。

（4）一排有五处明亮的地方,那是楼外的天空。

（5）现在人们所说的慧空禅院,是慧褒和尚的墓旁庐舍。

（6）远远看去树木茂盛、幽深秀丽的地方,是琅琊山。

（7）一股水流从两个山间飞淌下来的,是酿泉。山势回环,道路弯转,有一个亭子四角翘起像鸟张开翅膀一样高踞于泉水之上的,是醉翁亭。

（8）野花开放而散发出幽微的香气,美好的树木枝繁叶茂而一片浓阴,天气高爽霜色洁白,溪水低落隐石显露的景象,是山中四季的景色。

（9）在那(阳谷和阴谷)南北分界处,是古长城。

（10）即使又晒干了,也不会再挺直的,是因为人工使它弯曲成这样。

（11）韩国、魏国都灭亡了,而安陵凭着五十里土地存在的原因,只是因为有先生啊。

（12）老百姓死了,却说:"这不是我的罪过,而是由于年成不好。"

（13）作战是靠勇气的。

（14）这是天子的气象。

（15）宋国,是人们所说的连野鸡、兔子、鲫鱼都没有的地方。

（16）我们君王是龙。

（17）这是世上没有流传下来(石钟山得名由来)的缘故。

3.在判断某人或某事物是什么时,如"陈胜是阳城人",现代汉语说:陈胜是阳城人。古代汉语还可以说:陈胜者,阳城人。

先读为快:陈胜是阳城人/陈胜者,阳成人;陈胜是阳城人/陈胜者,阳成人;陈胜是阳城人/陈胜者,阳成人……

这两种句法的不同点就在于:前者(现代汉语)判断对象"陈胜"和判断结果"阳城人"之间有一判断词"是"连接;后者(古代汉语)判断对象"陈胜"和判断结果"阳城人"之间没有判断词"是"连接,但其判断对象"陈胜"后有一语气词"者"字,以提示停顿。

在"陈胜是阳城人/陈胜者,阳成人"的句法中,与"陈胜/陈胜"相当的判断对象有无数个,它们都可能出现在"陈胜/陈胜"这个判断对象的位置上;与"阳城人/阳城人"相当的判断结果也有无数个,它们都可能出现在"阳城人/阳城人"这个判断结果的位置上。

为了加深对这两种不同句法的印象,你不妨再仔细阅读如下的例子(前为现代汉语,后为古代汉语):

（1）方柯是中国人。——方柯者,中国之人。
（2）同游的四个人,是庐山陵的萧圭,字君玉;长乐的王回,字深父;我的弟弟安国,字平父;安上,字纯父。——四人者,庐陵萧君圭君玉,长乐王回深父,余弟安国平父,安上纯父。（王安石《游褒禅山记》）
（3）陈轸是一位游说之士。——陈轸者,游说之士。（《史记·张仪列传》）

如上的讲解,你如果懂了,就不妨再从古代汉语的句法中回到现代汉语的句法中(前为古代汉语,后为现代汉语):

（1）兵者,凶器。（《史记·酷吏列传》）——兵是一种凶器。

（2）粟者，民之所种。（晁错《论贵粟疏》）——粮食是老百姓种的。

（3）虎者，戾虫；人者，甘饵。（《战国策·秦策》）——老虎，是残暴的野兽；人是老虎的美食。

为了再检验一下你对古代汉语中这一句法的掌握程度，你不妨再快速阅读如下古代汉语中的例子，并试着用现代汉语说说。

（1）天下者，高祖天下。（《史记·魏其武安侯列传》）

（2）善人者，不善人之师；不善人者，善人之资。（《老子·二十七章》）

汉高祖刘邦画像

下面我们再将上面例句的现代汉语说法提供给你，你可以对照一下：

（1）天下是汉高祖的天下。

（2）善人是不善人的老师，不善人是善人的资本（借鉴）。

4. 在判断某人或某事物是什么时，如"陈胜是阳城人"，现代汉语说：陈胜是阳城人。古代汉语还可以说：陈胜，阳城人。

先读为快：陈胜是阳城人/陈胜，阳成人；陈胜是阳城人/陈胜，阳成人；陈胜是阳城人/陈胜，阳成人；陈胜是阳城人/陈胜，阳成人……

这两种句法的不同点就在于：前者（现代汉语）判断对象"陈胜"和判断结果"阳城人"之间有一判断词"是"连接；后者（古代汉语）判断对象"陈胜"和判断结果"阳城人"之间没有判断词"是"连接，而且判断对象"陈胜"和判断结果"阳城人"后均没有语气词"者"或"也"。

在"陈胜是阳城人/陈胜,阳成人"的句法中,与"陈胜/陈胜"相当的判断对象有无数个,它们都可能出现在"陈胜/陈胜"这个判断对象的位置上;与"阳城人/阳城人"相当的判断结果也有无数个,它们都能出现在"阳城人/阳城人"这个判断结果的位置上。

为了加深对这两种不同句法的印象,你不妨再仔细阅读如下的例子(前为现代汉语,后为古代汉语):

(1)荀卿是赵国人。——荀卿,赵人。(《史记·孟轲荀卿列传》)

(2)晋鄙是一位叱咤风云的有威望的老将。——晋鄙,嚄唶宿将。(司马迁《信陵君窃符救赵》)

(3)这就是所谓的在朝廷上战胜别国。——此所谓战胜于朝廷。(《战国策·邹忌讽齐王纳谏》)

(4)它的颜色是黑色。——其色墨。(魏学洢《核舟记》)

(5)现在我是一个低贱的亡国俘虏。——今臣亡国贱俘。(李密《陈情表》)

如上的讲解,你如果懂了,就不妨再从古代汉语的句法中回到现代汉语的句法中(前为古代汉语,后为现代汉语):

(1)汗牛塞屋,富贵家之书。(袁枚《黄生借书说》)——牛淌着汗拖来塞满屋的书,是富贵人家的藏书。

(2)刘备天下枭雄。(司马光《赤壁之战》)——刘备是天下的枭雄。

(3)其色丹。(魏学洢《核舟记》)——它的颜色是红色。

(4)所重,民、食、丧、祭。(《论语·尧曰》)——所重视的是:人民、粮食、丧礼、祭祀。

(5)夫鲁,齐晋之唇。(《左传·哀公八年》)——那鲁国,是齐国和晋国的嘴唇。

为了再检验一下你对古代汉语中这一句法的掌握程度,你不妨再快速阅读如下古代汉语中的例子,并试着用现代汉语说说。

(1)农,天下之本。(《史记·孝文本纪》)

(2)此老生之常谈。(《世说新语·规箴》)

(3)君子之德,风;小人之德,草。(《论语·颜渊》)

(4)秦,虎狼之国。(《史记·屈原列传》)

(5)温州雁荡山,天下奇景。(沈括《雁荡山》)

(6)奇山异水,天下独绝。(吴均《与朱元思书》)

(7)七略四库,天子之书。(袁枚《黄生借书说》)

(8)刘豫州王室之胄。(司马光《赤壁之战》)

(9)这炎帝之少女。(《山海经·北山经》)

下面我们再将上面例句的现代汉语说法提供给你,你可以对照一下:

(1)农业是天下的根本。

(2)这是老生常谈。

(3)君子的德是风;小人的德是草。

(4)秦国是一个虎狼一样的国家。

(5)温州雁荡山是天下的奇景。

(6)沿途奇异的山水是天下独一无二的。

(7)《七略》《四库》是皇帝的藏书。

(8)刘豫州是皇家王室的后代。

(9)这是炎帝的小女儿。

5.在判断某人或某事物是什么时,如"陈胜是阳城人",现代汉语说:陈胜是阳城人。古代汉语还可以说:陈胜为阳城人。

先读为快:陈胜是阳城人/陈胜为阳城人;陈胜是阳城人/陈胜为阳城人;陈胜是阳城人/陈胜为阳城人……

这两种句法的不同点就在于:前者(现代汉语)判断对象"陈胜"和判断结果"阳城人"之间由判断词"是"连接;后者(古代汉语)判断对象"陈胜"和判断结果"阳城人"之间由判断词"为"连接。

在"陈胜是阳城人/陈胜为阳城人"的句法中,与"陈胜/陈胜"相当的判断对象有无数个,它们都可能出现在"陈胜/陈胜"这个判断对象的位置上;与"阳城人/阳城人"相当的判断结果也有无数个,它们都能出现在"阳城人/阳城人"这个判断结果的位置上。

为了加深对这两种不同句法的印象,你不妨再仔细阅读如下的例子(前为现代汉语,后为古代汉语):

(1)国号是张楚。——号为张楚。(司马迁《陈涉世家》)

(2)人家是菜刀和砧板,我们是鱼肉。——人为刀俎,我为鱼肉。(司马迁《鸿门宴》)

(3)知道就是知道,不知道就是不知道,这就是聪明智慧。——知之为知之,不知为不知,是知也。(《论语·为政》)

(4)船头上坐着三个人,当中戴高帽满腮胡须的人是苏东坡。——船头坐三人,中峨冠而多髯者为东坡。(魏学洢《核舟记》)

(5)我认为大王攻打宋国,是和这个得偷窃病的人一样的。——臣以王吏之攻宋也,为与此同类。(墨子《公输》)

如上的讲解,如果你懂了,就不妨再从古代汉语的句法中回到现代汉语的句法中(前为古代汉语,后为现代汉语)

(1)百姓之不见保,为不用恩焉。(《孟子·齐桓晋文之事》)——

<u>老百姓没有被爱护</u>,是<u>不肯布施恩德的缘故</u>。

(2)<u>余</u>为伯鲦(tiáo),<u>余</u>而祖也。(《左传·宣公三年》)——<u>我</u>是伯鲦,<u>我</u>是你的祖先。

(3)<u>夫子</u>为王子围,寡君之贵介弟也;<u>此子</u>为穿封戌,方城外之县尹也。(《左传·襄公二十六年》)——<u>夫子</u>是公子围,他是我国国君最宠爱的弟弟;<u>这个人</u>是穿封戌,是我国方城外的一名小县尹。

(4)子墨子曰:"昔者<u>商王纣卿士费仲</u>为天下之暴人;<u>箕子微子</u>为天下之圣人。……<u>周公旦</u>为天下之圣人;<u>关叔</u>为天下之暴人。"(《墨子·公孟》)——墨子说:"从前<u>商纣王的卿士费仲</u>,是天下有名的暴虐之人;<u>箕子、微子</u>,是天下有名的圣人。……<u>周公旦</u>是天下有名的圣人;<u>关叔</u>是天下有名的暴虐之人。"

(5)<u>楚</u>为荆蛮。(《国语·晋语八》)——<u>楚国</u>是荆蛮。

为了再检验一下你对古代汉语中这一句法的掌握程度,你不妨再快速阅读如下古代汉语中的例子,并试着用现代汉语说说。

(1)吾为汝父也。岂谓不慈哉!(《吕氏春秋·疑似》)

(2)长沮曰:"夫执舆者为谁?"子路曰:"为孔丘。"(《论语·微子》)

(3)桀溺曰:"子为谁?"曰:"为仲由。"(《论语·微子》)

(4)人为倮虫之长,龙为鳞虫之长,俱为物长。(倮:luǒ,同"裸")(《论衡·龙虚》)

(5)段,郑伯弟也。何以知其为弟也?(《穀梁传·隐公元年》)

(6)此为茶?为茗?(《世说新语·纰漏》)

(7)杜伯死人,如谓杜伯为鬼,则夫死者审有知。……如以鬼是死人,则其薄葬非也。(《论衡·薄葬》)

(8)我为女子,薄命如斯。君是丈夫,负心若此。(《唐传奇·霍小玉传》)

(9)公都子问曰:"钧是人也,或为大人,或为小人,何也?"孟子曰:

"从其大体为大人,从其小体为小人。"(《孟子·告子上》)

（10）尽其道而死者为命也;桎梏而死者非正命也。(《孟子·尽心上》)

（11）始吾以君为天下之贤公子也,吾乃今然后知君非天下之贤公子者也。(《战国策·赵策三》)

下面我们再将上面例句的现代汉语说法提供给你,你可以对照一下:

（1）我是你的父亲,难道说还不慈爱吗?

（2）长沮问子路:"那个驾车的人是谁?"子路说:"是孔丘。"

（3）桀溺说:"你是谁?"子路说:"我是仲由。"

（4）人是裸露动物中的首领,龙是有鳞甲动物中的头领,都是一类动物中的领袖。

（5）共叔段是郑伯的弟弟。凭什么知道他是弟弟呢?

（6）这个是茶? 还是茗?

（7）杜伯是死人,如果认为杜伯是鬼,那么死人确实有知。……如果认为鬼是死人变的,那么对他薄葬也就不对了。

（8）我是一个女子,竟然有这么曲折的命运。你是一个男子,竟然负心到这般地步。

（9）公都子问道:"同样是人,有的是君子,有的是小人,这是为什么呢?"孟子说:"注重身体重要部分的是君子,注重身体次要部分的是小人。"

（10）走完人生道路而死的人是正常的命运,陷身于图圄而死的人不是正常的命运。

（11）开始我认为你是天下的贤能君子,现在我才知道你不是天下的贤能君子。

6. 在判断某人或某事物不是什么时,如"人不是生来就知道道理的",现代汉语说:人不是生来就知道道理的;古代汉语说:人非生而知之者。

先读为快:人不是生来就知道道理的/人非生而知之者;人不是生来就知道道理的/人非生而知之者;人不是生来就知道道理的/人非生而知之者……

这两种句法的不同点就在于:前者(现代汉语)判断对象"人"和判断结果"生来就知道道理的"之间由判断词"是"连接,而且"是"前有一修饰性否定副词"不"以表示否定判断;后者(古代汉语)判断对象"人"和判断结果"生而知之者"之间无判断词连接,判断结果"生而知之者"直接受否定副词"非"修饰以表示否定判断。

在"人不是生来就知道道理的/人非生而知之者"的句法中,与"人/人"相当的判断对象有无数个,它们都可能出现在"人/人"这个判断对象的位置上;与"生来就知道道理的/生而知之者"相当的判断结果也有无数个,它们都能出现在"生来就知道道理的/生而知之者"这个判断结果的位置上。

还需说明的是,在古代汉语否定判断句中,其判断结果之后通常还使用语气词"也"字以提示判断结果,如"理,非吾业也"。

为了加深对这两种不同句法的印象,你不妨再仔细阅读如下的例子(前为现代汉语,后为古代汉语):

(1)人不是生来就懂得道理的。——人非生而知之者。(韩愈《师说》)

(2)作官治民不是我的职业。——理,非吾业也。(柳宗元《种树郭橐驼传》)

(3)六国的灭亡,不是(因为他们的)武器不锋利,仗打得不好,弊病在于拿土地贿赂秦国。——六国破灭,非兵不利,战不善,弊在赂秦。(苏洵《六国论》)

（4）所以，<u>大王您不能以王道统一天下</u>，是不肯干，而不是<u>不能干</u>。——故<u>王之不王</u>，不为也，非<u>不能</u>也。（《孟子·齐桓晋文之事》）

（5）<u>这是见识浅薄人的发怒</u>，不是<u>有胆识人的发怒</u>。——此<u>庸夫之怒</u>也，非<u>士之怒</u>也。（刘向《唐雎不辱使命》）

（6）<u>这</u>不是<u>曹孟德的诗吗</u>？——<u>此</u>非<u>曹孟德之诗</u>乎？（苏轼《赤壁赋》）

如上的讲解，你如果懂了，就不妨再从古代汉语的句法中回到现代汉语的句法中（前为古代汉语，后为现代汉语）：

（1）<u>彼童子之师</u>，授之书而习其句读者，非吾所谓传其道解其惑者也。（韩愈《师说》）——<u>那孩子的老师</u>，教孩子读书来熟悉书中的句子，尚不是我所说的给人传授道理，给人解释疑惑的老师。

（2）<u>此</u>非孟德之困于周郎者乎？（苏轼《赤壁赋》）——<u>这</u>不是曹孟德被周瑜围困的地方吗？

（3）客问元方："<u>尊君</u>在不？"答曰："待君久不至，已去。"友人便怒："非<u>人</u>哉！与人期行，相委而去。"（刘义庆《世说新语·陈太丘与友期》）——客人问元方："<u>你爸爸</u>在吗？"元方答道："等了您很久您都没来，便离开了。"朋友便生气的骂道："不是<u>人</u>啊！和别人约好一起走，却把对方丢下自己走了。"

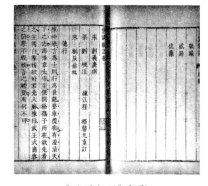
《世说新语》书影

（注：此例中判断对象在"非人哉"一句中没出现，但在前文中已经出现，即"尊君"，这叫判断对象承前省略。书中其他部分例句也有类似现象，读者自可理会。）

（4）食顷，帘动，<u>片纸</u>抛落。拾视之，非<u>字</u>而<u>画</u>。（蒲松龄《促织》)——约一顿饭的工夫,帘子动了,一片纸抛落下来了。拾起一看,不是字,而是一幅画。

(5)非为织作迟,君家妇难为!(《孔雀东南飞》)——不是因为我织得慢,(而是)您家的媳妇难做啊!

为了再检验一下你对古代汉语中这一句法的掌握程度,你不妨再快速阅读如下古代汉语中的例子,并试着用现代汉语说说。

(1)身非木石,独与法吏为伍。(司马迁《报任安书》)

(2)劳师以袭远,非所闻也。(《左传·僖公三十二年》)

(3)此非君子之言,齐东野人之语也。(《孟子·万章上》)

(4)子非我,安知我不知鱼之乐?(《庄子·秋水》)

(5)城非不高也,池非不深也,兵革非不坚利也。(《孟子·公孙丑上》)

(6)子非吾友也。(《世说新语·德行》)

下面我们再将上面判断句的现代汉语说法提供给你,你可以对照一下:

(1)我不是一根木头和一块石头,独自面对那些刀笔酷吏,和他们为伍。

(2)使自己的军队疲劳去攻打远方国家,不是我听到的。

(3)这不是君子的话,而是齐国东部乡下人的话。

(4)你不是我,怎么知道我不了解鱼的快乐呢?

(5)城墙不是不高,护城河不是不深,兵器不是不坚利。

(6)你不是我的朋友。

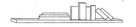

7. 在判断某人或某事物本来是什么或本来不是什么时,如"我本来是个贫民","我本来不是人文画士",现代汉语说:我本来是个贫民;我本来不是人文画士。古代汉语说:臣本布衣;予本非文人画士。

先读为快:我本来是个贫民,我本来不是人文画士/臣本布衣;予本非文人画士;我本来是个贫民,我本来不是人文画士/臣本布衣;予本非文人画士;我本来是个贫民,我本来不是人文画士/臣本布衣;予本非文人画士……

这两种句法的不同点就在于:前者(现代汉语)判断对象"臣、我"和判断结果"布衣、人文画士"之间有判断词"是"连接,而且"是"前还有一修饰性副词"本来"加强肯定,或修饰性副词短语"本来不"加强否定;后者(古代汉语)判断对象"臣、予"和判断结果"布衣、人文画士"之间无判断词连接,判断结果"布衣、人文画士"直接受副词"本"修饰以加强肯定,或副词短语"本非"修饰加强否定。

在"我本来是个贫民,我本来不是人文画士/臣本布衣,予本非文人画士"的句法中,与"我、我/臣、予"相当的判断对象有无数个,它们都可能出现在"我、我/臣、予"这个判断对象的位置上;与"贫民、人文画士/布衣、人文画士"相当的判断结果也有无数个,它们都可能出现在"贫民、人文画士/布衣、人文画士"这个判断结果的位置上。与"本来/本"功能相当的修饰性副词,如"本来/固、故"、"大概/盖、殆"、"就/则、即"、"也、就/乃"、"都/皆、俱"、"也/亦"、"一定/必"、"只/维"、"果然/果"等,都可能出现在"本来/本"这个副词的位置上。

还需要说明的是,当古汉语句法由判断词"为"来连接判断对象和判断结果的时候,判断词"为"之前同样可以被某些副词修饰。

为了加深对这两种不同句法的印象,你不妨再仔细阅读如下的例子(前为现代汉语,后为古代汉语):

(1)我本来是个平民——臣本布衣。(诸葛亮《出师表》)。

(2)你本来就不是鱼。——子固非鱼也。(庄子《庄子与惠子游于

濠梁》)

（3）然而朝中官员在首都毫不懈怠，忠诚有志的将士在外面舍生忘死，大概是因为追念先帝对他们的特殊厚待，想要在陛下身上报恩啊。——然侍卫之臣不懈于内，忠志之士忘身于外者，盖追先帝之殊遇，欲报之于陛下也。（诸葛亮《出师表》）

（4）古人之所以对大夫施刑很慎重，大概是由于这个缘故啊。——古人所以重施刑于大夫者，殆为此也。（司马迁《报任安书》）

（5）这就是岳阳楼的雄伟的景象。——此则岳阳楼之大观也。（范仲淹《岳阳楼记》）

（6）她（指"雪"）就是谢太傅的长兄无奕的女儿，左将军王凝之的妻子。——即公大兄无奕女，左将军王凝之妻也。（刘义庆《世说新语》两则）

（7）道士也是人。——道士，乃人也。（李朝威《柳毅传》）

（8）应当立为皇帝的人就是公子扶苏。——当立者乃公子扶苏。（司马迁《陈涉世家》）

（9）这些都是善良诚实的人。——此皆良实。（诸葛亮《出师表》）

（10）皇宫中和丞相府中的人，都是国家的官员。——宫中府中，俱为一体。（诸葛亮《出师表》）

（11）六国和秦国都是诸侯之国。——夫六国与秦皆诸侯。（苏洵《六国论》）

（12）死生也是件大事。——死生亦大矣。（王羲之《兰亭集序》）

（13）夺项王天下的人一定是沛公。——夺项王天下者必沛公也。（司马迁《鸿门宴》）

（14）在眼前成百上千的，果然是白鹤。——则或千或百，果然鹤也。（沈复《童趣》）

（15）我本来不是文人画士。——予本非文人画士。（龚自珍《病梅馆记》）

（16）这时汉边郡李广、程不识都是名将。——是时汉边郡李广、程

不识皆为名将。(《史记·李将军列传》)

如上的讲解,你如果懂了,就不妨再从古代汉语的句法中回到现代汉语的句法中(前为古代汉语,后为现代汉语):

(1)此物故非西产。(蒲松龄《促织》)——这东西本来不是陕西出产的。

(2)五人者,盖当蓼洲周公之被逮,激于义而死焉者也。(张溥《五人墓碑记》)——(墓中的)五个人,大概是当周蓼洲先生被捕的时候,被正义所激励而死于这件事的人。

(3)此则岳阳楼之大观也。(范仲淹《岳阳楼记》)——这就是岳阳楼雄伟的景象。

蒲松龄像

(4)今公子有急,此乃臣效命之秋也。(司马迁《信陵君窃符救赵》)——现在公子有急事,这就是我(为您)出力的时候了。

(5)所在皆是也。(苏轼《石钟山记》)——到处都是这样。

(6)此悉贞良死节之臣。(诸葛亮《出师表》)——这些人都是忠贞优秀、以死报国的大臣。

(7)"离骚"者,犹离忧也。(司马迁《屈原列传》节选)——"离骚"的意思就是遭到忧愁的意思。

(8)此诚危急存亡之秋也。(诸葛亮《出师表》)——这实在是危急存亡的时候啊。

(9)且相如素贱人。(司马迁《廉颇蔺相如列传》)——再说蔺相如本来是卑贱的人。

(10)人为倮虫之长,龙为鳞虫之长,俱为物长。(《论衡·龙虚》）——人是裸露动物中的首领,龙是有鳞甲动物中的头领,都是一类动物中的领袖。

为了再检验一下你对古代汉语中这一句法的掌握程度,你不妨再快速阅读如下古代汉语中的例子,并试着用现代汉语说说。

(1)水中藻荇交横,盖竹柏影也。（苏轼《记承天寺夜游》）
(2)少间,帘内掷一纸出,即道人意中事。（蒲松龄《促织》）
(3)此三子者,皆布衣之士也。（刘向《唐雎不辱使命》）
(4)环滁皆山也。（欧阳修《醉翁亭记》）
(5)会稽贺生……不徒东南之美,实为海内之秀。（《世说新语·言语》）

下面我们再将上面例句的现代汉语说法提供给你,你可以对照一下：

(1)水中藻、荇纵横交叉,大概是绿竹和翠柏的影子。
(2)一会儿,室内丢一张纸条出来,那上面写的就是求神的人心中所想问的事情。
(3)这三个人都是出身平民的有胆识的人。
(4)滁州城的四面都是山。
(5)会稽郡贺循……他不只是东南地区的杰出人物,也的确是国内的优秀人才。

第三章

因果句的差异

什么是因果句？一个句子含有两个部分,其中一部分叙述原因,另一部分叙述结果,这个句子就叫因果句。因果句中表达因果关系的连接词较多,以下只介绍其中的一种。

在选择由于某某原因而发生了某某结果的连接词时,现代汉语说:因此;古代汉语说:是以。

先读为快:因此/是以;因此/是以;因此/是以……

那么,你知道以上两种句法的不同吗?

其不同点就在于:前者(现代汉语)因果连接词"因此"中的指示代词"此"在表示原因的介词"因"的后面,后者(古代汉语)因果连接词"是以"中的指示代词"是"在表示原因的介词"以"的前面。

为了加深对这两种不同句法的印象,你不妨再仔细阅读如下的例子(前为现代汉语,后为古代汉语):

(1)我们祖孙二人,互相依靠而维持生命,因此孝顺赡养祖母的心(让我)不能停止侍养祖母而远离。——母孙二人,更相为命,是以区区不能废远。(李密《陈情表》)

(2)侍中侍郎敦攸之、费祎、董允等人,这些都是善良诚实的人,他们的志向和思虑都忠诚纯正,因此先帝把他们选拔出来留给陛下。——

侍中侍郎郭攸之、费祎、董允等,此皆良实,志虑忠纯,是以先帝简拔以遗陛下。(诸葛亮《出师表》)

(3)将军向宠,性格品行善良平正,通晓军事,过去任用他的时候,先帝称赞他能干,因此大家商议推举他做中部督。——将军向宠,性行淑均,晓畅军事,试用于昔日,先帝称之曰能,是以众议举宠为督。(诸葛亮《出师表》)

(4)我因此(所以)记下这件事,大概是因为叹惜郦道元记叙的简略和笑话李渤的浅陋吧。——余是以记之,盖叹郦元之简,而笑李渤之陋也。(苏轼《石钟山记》)(注:此句是结果在前,原因在后。)

如上的讲解,你如果懂了,就不妨再从古代汉语的句法中回到现代汉语的句法中(前为古代汉语,后为现代汉语):

(1)孟子对曰:"仲尼之徒无道桓文之事者,是以后世无传焉,臣未之闻也。无以,则王乎?"(《孟子·齐桓晋文之事》)——孟子回答说:"孔子的学生中没有称道齐桓公、晋文公的事情的,因此后世失传了,我没有听说过这事。(如果)一定要说,那么还是说说行王道的事吧!"

邮票《古代思想家——孟子》

(2)君子之于禽兽也:见其生,不忍见其死;闻其声,不忍食其肉。是以君子远庖厨也。(《孟子·齐桓晋文之事》)——有道德的人对于飞禽走兽:看见它活着,便不忍心看它死;听到它(哀鸣)的声音,便不忍心吃它的肉。因此君子把厨房建得远远的。

(3)草创未就,会遭此祸,惜其不成,是以就极刑而无愠色。(司马迁《报任安书》)——(此书)已经起草,尚未完成,就碰上这桩祸事,惋惜

它没有写成,因此宁愿接受官刑而没有怨怒的表情。

(4)举世皆浊而我独清,众人皆醉而我独醒,是以见放。(司马迁《屈原列传》)——整个社会都污浊,我一人洁净;众人都昏醉,我一人清醒,因此被放逐。

为了再检验一下你对古代汉语中这一句法的掌握程度,你不妨快速阅读下面古代汉语中的例句,并试着用现代汉语说说。

(1)晋鄙嚄唶宿将,往恐不听,必当杀之,是以泣耳,岂畏死战?(司马迁《信陵君窃符救赵》)

(2)仆以口语遇遭此祸,重为乡党所笑,以污辱先人,亦何面目复上父母之丘墓乎?虽累百世,垢弥甚耳!是以肠一日而九回,居则忽忽若有所亡,出则不知其所往。(司马迁《报任安书》)

(3)由是观之,则今之高爵显位,一旦抵罪,或脱身以逃,不能容于远近,而又有剪发杜门,佯狂不知所之者,其辱人贱行,视五人之死,轻重固何如哉?是以蓼洲周公忠义暴于朝廷,赠谥褒美,显荣于身后;而五人亦得以加其土封,列其姓名于大堤之上,凡四方之士无不有过而拜且泣者,斯固百世之遇也。(张溥《五人墓碑记》)

下面我们再将上面因果句现代汉语怎么说提供给你,你可以对照一下:

(1)晋鄙是一位叱咤风云的有威望的老将,去了恐怕不会听从,必定要把他杀死,因此我难受哭泣,哪里是怕死呢!

(2)我因为(对皇帝)说话(不谨慎)而遭到这桩祸事,深深地被邻里同乡所耻笑,以致先人蒙受污辱,还有什么颜面再为父母扫墓呢?即使再过一百代,也只是耻辱更甚而已!因此我心事重重,极为痛苦,在家时总是恍恍惚惚,好像丢失了什么,出外时又不知要到什么地方去。

（3）由此看来，那么如今这些高官显贵们，一旦犯罪受罚，有的人脱身逃走，不能被远近的百姓所容纳，也有的剪发毁容、闭门不出，或假装疯狂不知逃到何处的，他们那可耻的人格，卑贱的行为，比起这五个人的死来，轻重的差别到底怎么样呢？因此周蓼洲先生的忠义显露在朝廷，赠给他的谥号美好而光荣，在死后享受到荣耀；而这五个人也能够修建一座大坟墓，在大堤之上立碑刻名，所有四方的有志之士经过这里没有不跪拜流泪的，这实在是百代难得的机遇啊。

第四章

被动句的不同

什么是被动句？被动句是说明某个对象被某个对象怎么样的句子。出现在前的那个对象叫被动者,出现在后的那个对象叫主动者。被动者和主动者有时可以不出现,或承前文省略。

1. 在说明某个对象被某个对象怎么样时,如"秦王被天下人讥笑",现代汉语说：秦王被天下人讥笑；古代汉语说：秦王为天下笑。

先读为快：秦王被天下人讥笑/秦王为天下笑；秦王被天下人讥笑/秦王为天下笑；秦王被天下人讥笑/秦王为天下笑……

那么,你知道以上两种句法的不同吗？

其不同点就在于：前者(现代汉语)用来表示被动关系的词语是"被"；后者(古代汉语)用来表示被动关系的词语是"为"。

需要说明的是,在"秦王被天下人讥笑/秦王为天下笑"的句法中,与"秦王/秦王"相当的被动者有无数个,它们都可能出现在"秦王/秦王"这个被动者的位置上；与"天下人/天下"相当的主动者也有无数个,它们都可能出现在"天下人/天下"这个主动者的位置上。

还需说明的是,在"秦王被天下人讥笑/秦王为天下笑"的句法中,表示被动关系的词语"被/为"之前还可以出现时间词,形容词、副词等修饰语,如"秦王今天被天下人讥笑/秦王今为天下笑"、"秦王深被天下人讥笑/秦王甚为天下笑"等。

为了加深对这两种不同句法的印象,你不妨再仔细阅读如下的例子(前为现代汉语,后为古代汉语):

(1)皇帝(始皇)死在别人手里,被天下人讥笑,这是为什么呢?——身(秦始皇)死人手,为天下笑者,何也?(贾谊《过秦论》)

(2)吴广向来爱护士卒,士兵们多有被他任用的人。——吴广素爱人,士卒多为(之)用者。(司马迁《陈涉世家》)

(3)我们今天将要被他俘虏了!——吾属今为之虏矣!(司马迁《鸿门宴》)

如上的讲解,你如果懂了,就不妨再从古代汉语的句法中回到现代汉语的句法中(前为古代汉语,后为现代汉语):

(1)及其衰也,数十伶人困之,而身死国灭,为天下笑。(欧阳修《伶官传序》)——到他衰败时,数十个乐官就把他困住,最后身死国灭,被天下人耻笑。

(2)贤能为之用。(陈寿《隆中对》)——有才能的人被他重用。

(3)邑有成名者,操童子业,久不售,为人迂讷,遂为猾胥报充里正役。(蒲松龄《促织》)——县里有个叫成名的人,是个念书人,长期未考中秀才,为人拘谨,不善说话,就被刁诈的小吏报到县里担任里正的差事。

为了再检验一下你对古代汉语中这一句法的掌握程度,你不妨再快速阅读如下古代汉语中的例子,并试着用现代汉语说说。

(1)身(楚怀王)客死于秦,为天下笑。(司马迁《屈原列传》节选)

(2)战而不克,为诸侯笑。(《左传·襄公十年》)

(3)不为酒困,何有于我哉?(《论语·子罕》)

（4）今如耳……其心不在卫，虽辨智，亦不为寡人用，吾是以不相也。（《韩非子·外储说右上》）

下面我们再将上面例句的现代汉语说法提供给你，你可以对照一下：

（1）自身（楚怀王）客死在秦国，被天下人耻笑。

（2）相战而不胜，被诸侯耻笑。

（3）不被酒困扰，这对我有什么困难呢？

（4）现在如耳……他的心思不在卫国，虽然他有口才，有智慧，也不会被我任用，因此我不能用他当宰相。

2. 在说明某个对象被某个对象怎么样时，如"您被赵王宠幸"，现代汉语说：您被赵王宠幸；古代汉语说：君幸于赵王。

先读为快：您被赵王宠幸/君幸于赵王；您被赵王宠幸/君幸于赵王；您被赵王宠幸/君幸于赵王……

这两种句法的不同点就在于：前者（现代汉语）用来表示被动关系的词语是"被"；后者（古代汉语）用来表示被动关系的词语是"于"。前者（现代汉语）动词"宠幸"在主动者"赵王"之后；后者（古代汉语）动词"幸"在被动者"君"之后。

需要说明的是，在"您被赵王宠幸/君幸于赵王"的句法中，与"您/君"相当的被动者有无数个，它们都可能出现在"您/君"这个被动者的位置上；与"赵王/赵王"相当的主动者也有无数个，它们都可能出现在"赵王/赵王"这个主动者的位置上。

为了加深对这两种不同句法的印象，你不妨再仔细阅读如下的例子（前为现代汉语，后为古代汉语）：

（1）您被赵王宠幸。——而君幸于赵王。（司马迁《廉颇蔺相如列

传》)

（2）怀王因为不懂得忠臣的职分，所以在内被郑袖迷惑，在外被张仪欺骗。——怀王以不知忠臣之分，故内惑于郑袖，外欺于张仪。（司马迁《屈原列传》节选）

（3）李氏的儿子李蟠，年纪十七岁，爱好古文，六艺的经文和传文都普遍学习了，不被时俗限制，向我学习。——李氏子蟠，年十七，好古文，六艺经传皆通习之，不拘于时，学于余。（韩愈《师说》）

如上的讲解，你如果懂了，就不妨再从古代汉语的句法中回到现代汉语的句法中（前为古代汉语，后为现代汉语）：

（1）郤克伤于矢。（《左传鞍之战》）——郤克被箭射伤。

（2）劳心者治人，劳力者治于人；治于人者食人，治人者食于人。（《孟子·滕文公章句上》）——脑力劳动者统治人，体力劳动者被人统治；被统治者养活别人，统治者被别人养活。

（3）君子役物，小人役于物。（荀子《君子役物》）——君子驾驭物质利益，小人被物质利益驱使。

为了再检验一下你对古代汉语中这一句法的掌握程度，你不妨再快速阅读如下古代汉语中的例子，并试着用现代汉语说说。

（1）先发制人，后发制于人。（班固《汉书·项籍传》）

（2）针惧选于寡君，是以在此。（《左传·昭公元年》）

（3）御人以口给，屡憎于人。（《论语·公冶长》）

（4）故善战者致人而不致于人。（《孙子兵法·虚实》）

（5）夫破人之与破于人也，臣人之与臣于人也，岂可同日而论哉！（《史记·苏秦列传》）

（6）然君文未重于世。（《世说新语·文学》）

（7）君性亮直，必不容于寇雠，（《世说新语·方正》）

下面我们再将上面例句的现代汉语说法提供给你，你可以对照一下：

（1）先采取行动就能控制别人，后采取行动就被别人控制。

（2）针（秦伯的弟弟）害怕被国君放逐，因此在这里。

（3）管理人因口舌之利，多次被人憎恶。

（4）所以说善于打仗的人是积极调动敌人而不是被敌人调动。

（5）打败别人和被别人打败，让别人向自己称臣和让自己被别人称臣，难道是可以同日而语的么！

（6）可是您的文章还没有被世人重视。

（7）您本性忠诚正直，一定不会被仇敌宽容。

3. 在说明某个对象被某个对象怎么样时，如"我被明白大道理的人讥笑"，现代汉语说：我被明白大道理的人讥笑；古代汉语说：吾见笑于大方之家。

先读为快：我被明白大道理的人讥笑/吾见笑于大方之家；我被明白大道理的人讥笑/吾见笑于大方之家；我被明白大道理的人讥笑/吾见笑于大方之家……

这两种句法的不同点就在于：前者（现代汉语）用来表示被动关系的词语是"被"；后者（古代汉语）用来表示被动关系的词语是"见"和"于"的组合。前者（现代汉语）主动者"明白大道理的人"在被动词"被"之后；后者（古代汉语）主动者"大方之家"在被动词"于"之后。前者（现代汉语）动词"讥笑"在主动者"明白大道理的人"之后；后者（古代汉语）动词"笑"在被动词"见"和"于"之间。

在"我被明白大道理的人讥笑/吾见笑于大方之家"的句法中，与"我/吾"相当的被动者有无数个，它们都可能出现在"我/吾"这个被动者的位置上;与"明白大道理的人/大方之家"相当的主动者也有无数个,它们都可能出现在"明白大道理的人/大方之家"这个主动者的位置上。

为了加深对这两种不同句法的印象,你不妨再仔细阅读如下的例子(前为现代汉语,后为古代汉语):

(1)我会永远<u>被明白大道理的人</u>讥笑。——<u>吾长见笑于大方之家</u>。(《庄子·秋水》)

(2)我实在怕<u>被大王</u>欺骗而对不起赵国。——<u>臣诚恐见欺于王而负赵</u>。(司马迁《廉颇蔺相如列传》)

(3)可现在<u>这条溪水竟然被愚字辱没</u>,这是为什么呢?——<u>今是溪独见辱于愚</u>,何哉?(柳宗元《愚溪诗序》)

如上的讲解,你如果懂了,就不妨再从古代汉语的句法中回到现代汉语的句法中(前为古代汉语,后为现代汉语):

(1)然而公<u>不见信于人</u>,私<u>不见助于友</u>。(韩愈《进学解》)——然而<u>在公的方面</u><u>不被人们</u>相信,<u>在私的方面</u><u>不被朋友</u>支持。

(2)<u>吾尝三仕</u>,三<u>见逐于君</u>。(《史记·管晏列传》)——<u>我曾多次做官</u>,多次<u>被君主</u>驱逐。

(3)且夫臣人与<u>见臣于人</u>,制人与<u>见制于人</u>,岂可同日道哉?(《史记·李斯列传》)——更何况把人当作臣和<u>被人</u>当作臣,统治别人和<u>被人</u>统治,难道可以同日而语吗?

为了再检验一下你对古代汉语中这一句法的掌握程度,你不妨再快速阅读如下古代汉语中的例子,并试着用现代汉语说说。

(1)<u>张玄</u>,吴士之秀,亦<u>见遇于时</u>。(《世说新语·方正》)

（2）昔者弥子瑕见宠于卫君。（《史记·老子韩非列传》）

（3）绍简亦见重（于）当世。（《世说新语·赏誉》）

下面我们再将上面例句的现代汉语说法提供给你，你可以对照一下：

（1）张玄是吴中读书人的佼佼者，被时人赏识。

（2）从前弥子瑕被卫国君主宠爱。

（3）秘绍和山简很被当时人尊重。

4. 在只说明某个对象被怎么样时，如"老百姓没有被爱护"，现代汉语说：老百姓没有被爱护；古代汉语说：百姓之不见保。

先读为快：老百姓没有被爱护／百姓之不见保；老百姓没有被爱护／百姓之不见保；老百姓没有被爱护／百姓之不见保。……

这两种句法的不同点就在于：前者（现代汉语）用来表示被动关系的词语是"被"；后者（古代汉语）用来表示被动关系的词语是"见"。

在"老百姓没有被爱护／百姓之不见保"的句法中，与"老百姓／百姓"相当的被动者有无数个，它们都可能出现在"老百姓／百姓"这个被动者的位置上；与"爱护／保"相当的动词也有无数个，它们都可能出现在"爱护／保"这个动词的位置上。

为了加深对这两种不同句法的印象，你不妨再仔细阅读如下的例子（前为现代汉语，后为古代汉语）：

（1）老百姓没有被爱护，是不肯布施恩德的缘故。——百姓之不见保，为不用恩焉。（孟子《齐桓晋文之事》）

（2）众人都昏醉，我一人清醒，因此被放逐。——众人皆醉而我独醒，是以见放。（司马迁《屈原列传》节选）

（3）赵王跟大将军廉颇及许多大臣商量：想把这块宝玉给秦国，又怕得不到秦国的城，白白地被欺骗。——赵王与大将军廉颇诸大臣谋：欲予秦，秦城恐不可得，徒见欺。（司马迁《廉颇蔺相如列传》）

（4）所以君子以不修养品德为耻辱，不以被玷污为耻辱；以不诚实为耻辱，不以不被信任为耻辱；以没有能耐为耻辱，不以不被任用为耻辱。——故君子耻不修，不耻见污；耻不信，不耻不见信；耻不能，不耻不见用。（《荀子·非十二子》）

如上的讲解，你如果懂了，就不妨再从古代汉语的句法中回到现代汉语的句法中（前为古代汉语，后为现代汉语）：

（1）臣闻武帝使中郎将武使匈奴，见留二十年不降，还宣为典属国。（注：宣：通"但"，只。）（《汉书·燕刺王旦传》）——我听说汉武帝派遣中郎将苏武出使匈奴，被扣留二十年而没有投降，回到汉朝只作了典属国。

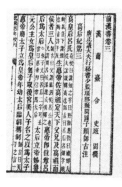

《汉书》书影

（2）君子曰："随之见伐，不量力也。"（《左传·僖公二十年》）——君子说："随国被征伐，是因他们不自量力。"

（3）若皆临国如是，则大不丧威，而小不见陵矣。（《国语·晋语八》）——若都爱护邻国如此，那么大的国家不丧失威严，小的国家不被欺侮。

（4）爱人者必见爱也，而恶人者必见恶也。（《墨子·兼爱下》）——爱人的人一定被（人）爱，而憎恶人的人一定被（人）憎恶。

为了再检验一下你对古代汉语中这一句法的掌握程度，你不妨再快

速阅读如下古代汉语中的例子,并试着用现代汉语说说。

(1)厚者为戮,薄者见疑,则非知之难也,处之则难也。(《韩非子·说难》)

(2)妪子何为见杀?(《史记·高祖本纪》)

(3)父母至亲,实不相疑,事理如此,实为见诬。(《晋书·愍怀太子传》)

(4)(刘筒)颇以刚直见疏。(《世说新语·方正》)

(5)此由禽鹿少见驯育,则服从教制;长而见羁,则狂顾顿缨。(《文选·嵇康:与山巨源绝交书》)

下面我们再将上面例句的现代汉语说法提供给你,你可以对照一下:

(1)重者被杀,轻者被怀疑,这说明不是知道问题难,而是处理问题难。

(2)老妇人的儿子为什么被杀了呢?

(3)他和父皇之间,本来不应被怀疑,但事情到了这一步,自己实在感到是被诬陷。

(4)(刘筒)的确是因为刚直而被疏远。

(5)这像禽鹿从小被驯服养育,就会服从主人的管教约束;长大了再被束缚,就一定会挣脱羁绊它的绳索。

5. 在说明某个对象被某个对象怎么样时,如"敌军战船被火焚烧",现代汉语说:敌军战船被火焚烧;古代汉语说:敌船为火所焚。

先读为快:敌军战船被火焚烧/敌船为火所焚;敌军战船被火焚烧/敌船为火所焚;敌军战船被火焚烧/敌船为火所焚……

这两种句法的不同点就在于:前者(现代汉语)用来表示被动关系

的词语是"被";后者(古代汉语)用来表示被动关系的词语是"为"和"所"的组合。

在"敌军战船被火焚烧/敌船为火所焚"的句法中,与"敌军战船/敌船"相当的被动者是无数的,它们都可能出现在"敌军战船/敌船"这个被动者的位置上;与"火/火"相当的主动者也是无数的,它们都可能出现在"火/火"这个主动者的位置上。

还需说明的是,古汉语"敌船为火所焚"的句法在现代汉语中也说,如"为白求恩的精神所感动",但说的频率较低。有时,在古汉语"敌船为火所焚"的句法中,被动词"为"后的主动者可以省略,如"二虫尽为所吞"。

为了加深对这两种不同句法的印象,你不妨再仔细阅读如下的例子(前为现代汉语,后为古代汉语):

(1)只有演习中充当敌军的战船被火焚烧,随着水波而沉于海底。——仅有"敌船"为火所焚,随波而逝。(周密《观潮》)

(2)舌头一吐,两只小虫全被(它)吃掉。——舌一吐而二虫尽为(之)所吞。(沈复《童趣》)

(3)山峦被晴雪洗涤。——山峦为晴雪所洗。(袁宏道《满井游记》)

(4)(刘兰芝)被焦仲卿的母亲赶走。——(刘兰芝)为仲卿母所遣。(《孔雀东南飞》)

(5)(六国诸侯)被秦国积久的威势胁迫。——(六国)为秦人积威之所劫。(苏洵《六国论》)

如上的讲解,你如果懂了,就不妨再从古代汉语的句法中回到现代汉语的句法中(前为古代汉语,后为现代汉语):

(1)为国者无使为积威之所劫哉!(苏洵《六国论》)——治理国家

的<u>人</u>不要<u>被</u>积久的<u>威势</u>胁迫啊！

（2）<u>女侄不幸</u>，<u>为</u>顽童<u>所</u>辱。（李朝威《柳毅传》）——侄女不幸，<u>被</u>愚昧无知的<u>人</u>欺辱。

（3）<u>仆以口语遇</u>遭此祸，重<u>为</u>乡党<u>所</u>笑。（司马迁《报任安书》）——我因为（对皇帝）说话（不谨慎）而遭到这桩祸事，深深地<u>被</u>邻里同乡耻笑。

（4）其后<u>楚</u>日以削，数十年竟<u>为</u><u>秦</u><u>所</u>灭。（司马迁《屈原列传》）——此后<u>楚国</u>的领土一天比一天缩小，几十年后，（楚国）终于<u>被秦国</u>灭了。

（5）<u>嬴闻如姬父为</u><u>人</u><u>所</u>杀。（司马迁《信陵君窃符救赵》）——我听说<u>如姬的父亲</u><u>被</u><u>人</u>杀害。

为了再检验一下你对古代汉语中这一句法的掌握程度，你不妨再快速阅读如下古代汉语中的例子，并试着用现代汉语说说。

（1）不者，若属皆且为所虏！（司马迁《鸿门宴》）
（2）嬴兵为人马所蹂藉，陷泥中死者甚众。（司马光《赤壁之战》）
（3）世子申生为骊姬所谮。（《礼记·檀弓》）
（4）融驰骑略陈，欲以帅退者，马倒，为晋兵所杀。（《资治通鉴·晋孝武帝纪》）

下面我们再将上面例句的现代汉语说法提供给你，你可以对照一下：

（1）否则，<u>你们都将被</u>（他）俘虏！
（2）<u>疲弱的士兵被</u>骑兵和马践踏，陷在泥中，死的很多。
（3）<u>太子申生被</u>骊姬诬陷。
（4）<u>符融</u>跑马巡视阵地，打算率领退兵，马跌倒，<u>被晋兵</u>杀死。

第五章

时间句的差别

什么是时间句？一个句子说某个动作行为是在某个时间或某个时间频率内发生的,或某种性质状态是随着某个时间的渐进而发展的,这样的句子就叫时间句。

1.在叙述某个动作行为(如"娱乐游玩")是在某个时间(如"闲暇日子")发生时,现代汉语说:在闲暇日子里娱乐游玩;古代汉语说:游于暇日。

先读为快:在闲暇日子里娱乐游玩/游于暇日;在闲暇日子里娱乐游玩/游于暇日;在闲暇日子里娱乐游玩/游于暇日……

那么,你知道以上两种句法的不同吗？

其不同点就在于:前者(现代汉语)时间词"闲暇日子"在动词"娱乐游玩"的前面,而且"闲暇日子"之前有一介词"在"以示其时;后者(古代汉语)时间词"暇日"之前先由一介词"于"以示其时,然后一起位于动词"游"的后面。

需要说明的是,在"在闲暇日子里娱乐游玩/游于暇日"的句法中,与"闲暇日子里/暇日"相当的时间词,如"军事上失败的时候/败军之际"、"危难紧迫的关头/危难之间"、"过去/昔日"、"庚辰那天/庚辰"、"古代/古"、"今天/今"、"春夏/春夏"、"秋冬/秋冬"等,都可能出现在"闲暇日子里/暇日"这个时间词的位置上;与"娱乐游玩/游"相当的动

词或动词性短语,如"接受重任/受任"、"奉命出使/奉命"、"任用/适用"、"进入/入"、"使用/用"、"发芽生长/繁启蕃长"等,都可能出现在"娱乐游玩/游"这个动词的位置上;与"在/于"相当的介词,如"在/以"等,都可能出现在"在/于"这个介词的位置上。

为了加深对这两种不同句法的印象,你不妨再仔细阅读如下的例子(前为现代汉语,后为古代汉语):

(1)在闲暇日子里娱乐游玩。——极娱游于暇日。(王勃《滕王阁序》)

(2)在军事上失败的时候接受重任,在危难紧迫的关头奉命出使。——受任于败军之际,奉命于危难之间。(诸葛亮《出师表》)

滕王阁

(3)将军向宠,性格品行善良平正,通晓军事,在过去任用他的时候,先帝称赞他能干。——将军向宠,性行淑均,晓畅军事,适用于昔日,先帝称之曰能。(诸葛亮《出师表》)

(4)一定是在庚辰那天进入郢都。——入郢,必以庚辰。(《左传·昭公三十一年》)

如上的讲解,你如果懂了,就不妨再从古代汉语的句法中回到现代汉语的句法中(前为古代汉语,后为现代汉语):

(1)宋祖生于丁亥,而建国于庚申。(陶宗仪《南村辍耕录·正统辨》)——宋太祖在丁亥年出生,在庚申年建国。

(2)是干戈用于古,而不用于今也。(《韩非子·五蠹》)——这是干戈在古代使用,而在今天不使用的原因。

(3)赏以春夏,刑以秋冬。(《左传·襄公二十六年》)——在春夏季节实行奖赏,在秋冬季节施予刑罚。

为了检验一下你对古代汉语中这一句法的掌握程度,你不妨再快速阅读如下古汉语中的例子,并试着用现代汉语说说。

(1)繁启蕃长于春夏,畜积收藏于秋冬。(《荀子·天论》)
(2)乃征会于诸侯,期以明年。(《左传·昭公二十四年》)
(3)朝以十月。(《史记·高祖本纪》)

下面我们再将上面时间句现代汉语的说法提供给你,你可以对照一下:

(1)农作物在春夏发芽生长,在秋冬收获储存。
(2)于是就准备召集诸侯会盟,定在明年举行。
(3)汉以十月为岁首,诸侯在每年的十月进京朝见皇帝。

2. 在叙述某个动作行为(如"出去"、"回来")是在某个时间(如"早上"、"晚上")发生时,现代汉语说:早上出去,晚上回来;古代汉语说:早出晚归。

先读为快:早上出去,晚上回来/早出晚归;早上出去,晚上回来/早出晚归;早上出去,晚上回来/早出晚归……

这两种句法的不同点就在于:前者(现代汉语)单音节的时间名词"早"或"晚"要先和一个方位名词"上"结合成"早上"或"晚上"后才能位于动词前面作状语;后者(古代汉语)单音节的时间名词"早"或"晚"则可以直接位于动词前面作状语(注:有时在单音节时间名词和动词之间也可用连词"而"、"以"连接,如"朝而往"、"暮而归"、"日以削",或用

语气词"者"殿在单音节时间名词之后表示提顿)。

在"早上出去，晚上回来/早出晚归"的句法中，与"早上、晚上/早、晚"相当的时间词，如"晚上、夜里/夜"、"第二天早上/旦"、"晚上/夕"、"晚上/暮"、"早上/晨"等，都可能出现在"早上、晚上/早、晚"这个时间词的位置上；与"出去、回来/出、归"相当的动词或动词性短语，如"用绳子吊下出城/缒而出"、"离开/辞"、"宿营/宿"、"渡过/济"、"设置防御工事/设版"、"驱马跑/驰"、"到达/至"等，都可能出现在"出去、回来/出、归"这个动词的位置上。

为了加深对这两种不同句法的印象，你不妨再仔细地阅读如下的例子(前为现代汉语，后为古代汉语)：

(1)你早上出去，晚上回来，我就靠着家门盼望你回来。——女朝出而晚来，则吾倚门而望。(《战国策·齐策六》)

(2)(烛之武)答应了他。晚上用绳子吊下(烛之武)出城。——许之，夜缒而出。(《烛之武退秦师》)

(3)第二天早上离开父母，晚上宿营在黄河边。——旦辞爷娘去，暮宿黄河边。(《木兰诗》)

如上的讲解，你如果懂了，就不妨再从古代汉语的句法中回到现代汉语的句法中(前为古代汉语，后为现代汉语)：

(1)朝济而夕设版焉。(《烛之武退秦师》)——晋君在早上刚渡过黄河，晚上就在两地设置城防工事。

(2)项伯乃夜驰之沛公军，私见张良。(司马迁《鸿门宴》)——项伯就(当天)夜里驱马跑到沛公(刘邦)的军营中，私下里会见张良。

(3)旦辞黄河去，暮至黑山头。(《木兰诗》)——第二天早上离开黄河上路，晚上到达黑山头。

为了检验一下你对古代汉语中这一句法的掌握程度,你不妨再快速阅读如下古汉语中的例子,并试着用现代汉语说说。

(1)朝而往,暮而归,四时之景不同,而乐亦无穷也。(欧阳修《醉翁亭记》)

(2)长驱至齐,晨而求见。(《战国策·齐策四》)

下面我们再将上面时间句现代汉语的说法提供给你,你可以对照一下:

(1)早上出去,晚上回来,四季的景象各不相同,乐趣也就无穷无尽了。

(2)不停地驱马跑到了齐国,早上就求见孟尝君。

3. 在叙述某个动作行为(如"偷")是在某个时间频率内(如"每天")发生时,现代汉语说:每天偷;古代汉语说:日攘。

先读为快:每天偷/日攘;每天偷/日攘;每天偷/日攘……

这两种句法的不同点就在于:前者(现代汉语)表频率的时间词要先由逐指代词("每")和单音节时间名词("天")结合成时间名词短语("每天")后才能位于动词前面作状;后者(古代汉语)单音节的时间名词("日")则可以直接位于动词前面作状语以表示此动词行为的时间频率。

在"每天偷/日攘"的句法中,与"每天/日"相当的表频率的时间词,如"每月/月"、"每年/岁"、"天天/日"、"月月/月"、"年年/岁"等,都可能出现在"每天/日"这个表频率的时间词的位置上;与"偷/攘"相当的动词或动词性短语,如"更换/更"、"检查反省/省"、"征收/征、赋"、"干扰骚扰百姓的勾当/为乱人之道"、"拉着/扳"等,都可能出现在"偷/攘"这个动词的位置上。

为了加深对这两种不同句法的印象,你不妨再仔细地阅读如下的例子(前为现代汉语,后为古代汉语):

(1)现在有个人每天偷邻居的鸡。有人告诉他说:"这不是品德高尚的人的行为。"——今有人日攘其邻之鸡者。或告之曰:"是非君子之道。"(孟子《攘鸡》)

(2)技术好的厨师每年更换一把刀,(因为)它是用刀割肉;一般的厨师每月更换一把刀,(因为)它是用刀割砍骨头。——良庖岁更刀,割也;族庖月更刀,折也。(庄子《庖丁解牛》)

(3)我每天再三检查反省自身(看看有没有什么地方做得不对的)——吾日三省吾身。(《论语·学而》)

(4)现在这些学生在大学里学习,政府天天供给膳食,父母年年送来冬服夏装。——今诸生学于太学,县官日有廪稍之供,父母岁有裘葛之遗。(宋濂《送东阳马生序》)

如上的讲解,你如果懂了,就不妨再从古代汉语的句法中回到现代汉语的句法中(前为古代汉语,后为现代汉语):

(1)日与北骑相出没于长淮间。(文天祥《指南录后序》)——每天为躲避元军的骑兵出没在淮河一带。

(2)曰:"请损之,月攘一鸡,以待来年然后已。"(孟子《攘鸡》)——(他)说:"请允许我减少偷鸡的次数,每月偷一只鸡,等到来年就停止(这种行为)。"

(3)宫中尚促织之戏,岁征民间。(蒲松龄《促织》)——皇室里崇尚斗蟋蟀的游戏,每年都要向民间征收。

文天祥雕像

(4)博鸡者,袁人,素无赖,不事产业,日抱鸡呼少年博市中。(高启《书博鸡者事》)——博鸡者是袁州人,一向游手好闲,不从事劳动生产,每天抱着鸡召唤一帮年轻人,在街市上斗鸡赌输赢。

为了再检验一下你对古代汉语中这一句法的掌握程度,你不妨再快速阅读如下古汉语中的例子,并试着用现代汉语说说。

(1)日食饮得无衰乎?(《触龙说赵太后》)

(2)(君主)无爱人之心,无利人之事,而日为乱人之道。(《荀子·强国》)

(3)君子博学而日参省乎己。(《荀子·劝学》)

(4)其始,太医以王命聚之,岁赋其二。(柳宗元《捕蛇者说》)

(5)父利其然也,日扳仲永环谒于邑人。(王安石《伤仲永》)

下面我们再将上面时间句现代汉语的说法提供给你,你可以对照一下:

(1)每天饮食该不会有所减少吧?

(2)(君主)没有爱护百姓的想法,不做有利于百姓的事情,却每天干骚扰百姓的勾当。

(3)品德高尚的人学习面很广泛,而又能每天再三地检查反省自己。

(4)起初,太医用皇帝的命令征集这种蛇,每年征收两次。

(5)他的父亲以此认为有利可图,每天拉着仲永四处拜访同县的人,不让(他)学习。

4. 在叙述某种性质或状态(如"窘迫")是随着某个表渐进的时间词(如"一天比一天")发展时,现代汉语说:一天比一天窘迫;古代汉语说:

难乎?不难!——古汉语与现代汉语句法比较

日蹙。

先读为快:一天比一天窘迫/日蹙;一天比一天窘迫/日蹙;一天比一天窘迫/日蹙……

这两种句法的不同点就在于:前者(现代汉语)处在形容词前面作状语的是由一个具有渐进意义的短语时间词(如"一天比一天")充当,后者(古代汉语)处在形容词前面作状语的则是由一个单音节的时间名词(如"日")充当。

在"一天比一天窘迫/日蹙"的句法中,与"一天比一天/日"相当的表渐进的时间词,如"一天天/日"、"一天一天/日"等,都可能出现在"一天比一天/日"这个表渐进的时间词的位置上;与"窘迫/蹙"相当的形容词或形容词性短语,如"削弱/削"、"深厚/密"、"紧急/急"、"少/稀"、"壮大/滋"、"更加多/益多"、"更加骄横/益横"、"烦杂/烦"、"美丽/妍"等,都可能出现在"窘迫/蹙"这个形容词的位置上。

为了加深对这两种不同句法的印象,你不妨再仔细地阅读如下的例子(前为现代汉语,后为古代汉语):

(1)乡邻们的生活一天比一天窘迫。——乡邻之生日蹙。(柳宗元《捕蛇者说》)

(2)从这以后,楚国国力一天天地削弱,几十年后,终于被秦国所灭亡。——其后楚日以削,数十年,竟为秦所灭。(《史记·屈原贾生列传》)

(3)刘备说:"好!"从此同诸葛亮的情谊一天一天深厚了。——先主曰:"善!"于是与亮情好日密。(陈寿《隆中对》)

(4)秦始皇这暴君的心却一天天更加骄横顽固。——独夫之心,日益骄固。(杜牧《阿房宫赋》)

如上的讲解,你如果懂了,就不妨再从古代汉语的句法中回到现代汉语的句法中(前为古代汉语,后为现代汉语):

（1）事日急，诸公莫敢复明言于上。（《史记·魏其武安侯列传》）——情况一天比一天紧急，大臣们谁也不敢再向皇帝说明这件事。

（2）贱妾守空房，相见常日稀。（《孔雀东南飞》）——我一个人留在空房里，见你的日子也就一天天少了。

（3）以千百就尽之卒，战百万日滋之师。（韩愈《张中丞传后叙》）——用千百即将覆没的士兵，与百万一天一天壮大的部队作战。

（4）君当日胜贵，吾独向黄泉。（《孔雀东南飞》）——你将会一天天地富贵起来，我一个人独自走到地府去吧。

为了再检验一下你对古代汉语中这一句法的掌握程度，你不妨再快速阅读如下古汉语中的例子，并试着用现代汉语说说。

（1）田单兵日益多，乘胜，燕日败亡。（《史记·田单列传》）
（2）武安日益横。（《史记·魏其武安侯列传》）
（3）法无度数而事日烦，则法立而治乱矣。（《商君书·错法》）
（4）及其茎叶既生，则又日高日上，日上日妍。（李渔《芙蕖》）

下面我们再将上面时间句现代汉语的说法提供给你，你可以对照一下：

（1）田单的兵力一天比一天更加多了，乘着胜利的威势，燕军天天败逃。

（2）武安侯一天天更加骄横。

（3）法令没有统一的标准，事情就一天一天地烦杂，那么虽然立了法，管理却混乱了。

（4）等到它的茎和叶长出，则又一天一天高起来，一天比一天美丽。

5.在叙述某个事件（如"我来到这里"）是在往日发生的，现代汉语

说:**往日我来到这里**;古代汉语说:**日吾来此**。

先读为快:往日我来到这里/日吾来此;往日我来到这里/日吾来此;往日我来到这里/日吾来此……

这两种句法的不同点就在于:前者(现代汉语)处在事件短语前面作状语的是由一个表示"过去"意义的名词性短语的时间词(如"往日")充当;后者(古代汉语)处在事件短语前面作状语的则是由一个单音节的时间名词(如"日")充当。

在"往日我来到这里/日吾来此"的句法中,与"往日/日"相当的表"过去"意义的时间词,如"从前/日"、"以前/日"、"过去/日"、"当初/日"等,都可能出现在"往日/日"这个表"过去"意义的时间词的位置上;与"我来到这里/吾来此"相当的事件短语,如"宋国盟会/宋之盟"、"君王把骊姬作为夫人/君以骊姬为夫人"、"我出使到楚国/臣之使于楚"、"秦国和楚国在蓝田交战/秦楚战于蓝田"、"韩起请求得到那双玉环/起请夫环"等,都可能出现在"我来到这里/吾来此"这个事件短语的位置上。

为了加深对这两种不同句法的印象,你不妨再仔细地阅读如下的例子(前为现代汉语,后为古代汉语):

(1)往日我来到这里,不是以翟这个地方为荣,而是可以凭借它完成一番事业。——日吾来此也,非以翟为荣,可以成事也。(《尔雅注疏》)

(2)从前宋国盟会的时候,屈建向赵武询问范会的功德。——日宋之盟,屈建问范会之德于赵武。(《晏子春秋》)

(3)以前君王把骊姬作为夫人,百姓的憎恨之心本来就都产生出来了。——日君以骊姬为夫人,民之疾心固皆至矣。(《国语·晋语》)

如上的讲解,你如果懂了,就不妨再从古代汉语的句法中回到现代汉语的句法中(前为古代汉语,后为现代汉语):

（1）曰臣之使于楚也,子重问晋国之勇。(《左传·成公十六年》)——往日(当初)我出使到楚国的时候,子重曾经向我问过晋国所谓的勇武。

（2）曰者,秦楚战于蓝田,韩出锐师以佐秦。(《战国策·赵策》)——从前,秦国和楚国在蓝田交战,韩国派遣精锐部队来帮助秦国。

为了再检验一下你对古代汉语中这一句法的掌握程度,你不妨再快速阅读如下古汉语中的例子,并试着用现代汉语说说。

（1）曰君为夫公孙段为能任其事,而赐之州田。(《左传·昭公七年》)

（2）曰起请夫环,执政弗义,弗敢复也。(《左传·昭公十六年》)

下面我们再将上面时间句现代汉语的说法提供给你,你可以对照一下:

（1）以前晋平公认为那个公孙段是个能担当大事的人,把州地的田赐给了他。

（2）往日(我)韩起请求得到那双玉环,可是您这位执政不讲义气,我也就没敢再提那件事了。

第六章

方位句比较

什么是方位句？一个句子说某个动作行为是在某个方向或在某个位置（地点）发生的，这个句子就叫方位句。

1. 在叙述某个动作行为在某个方向发生时，如"东面"，现代汉语说：向东；古代汉语说：东向。

先读为快：向东／东向；向东／东向；向东／东向……

那么，你知道以上两种句法的不同吗？

其不同点就在于：前者（现代汉语）方位词"东"在介词"向"的后边；后者（古代汉语）方位词"东"在介词"向"的前面。

需要说明的是，在"向东／东向"的句法中，与"东／东"相当的方位词，如"南、南面、南方／南"、"西、西面、西方／西"、"北、北面、北方／北"等，都可能出现在"东／东"这个方位词的位置上；与"向／向"相当的介词，如"朝／向"、"向／面"、"面向／向"、"在／面"、"面向／面"、"面朝／向"、"到／面"等，都可能出现在"向／向"这个介词的位置上。

为了加深对这两种不同句法的印象，你不妨再仔细地阅读如下的例子（前为现代汉语，后为古代汉语）：

（1）项王、项伯面向东坐。——项王、项伯东向坐。（司马迁《鸿门宴》）

（2）亚夫面向<u>南</u>坐。——亚夫<u>南</u>向坐。（司马迁《鸿门宴》）

（3）张良面向<u>西</u>陪侍。——张良<u>西</u>向侍。（司马迁《鸿门宴》）

（4）又加上屋门朝北开，不能直接受到阳光的照射，一过中午，太阳偏了，屋里就暗了下来。——又<u>北</u>向，不能得日，日过午已昏。（归有光《项脊轩志》）

（5）汉王与项王并力向<u>西</u>攻击秦国，约好先攻破咸阳的人称王。——汉王与项王力<u>西</u>面击秦，约先入咸阳者王之。（司马迁《鸿门宴》）

（6）灭掉吴国三年后，（越国）可以在<u>东方</u>称霸。——破吴三年，<u>东</u>向而霸。（《史记·仲尼弟子列传》）

（7）现在赵括一下子做了将军，就面向<u>东</u>接受朝见，军吏没有一个敢抬头看他的。——今括一旦为将，<u>东</u>向而朝，军吏无敢仰视之者。（司马迁《廉颇蔺相如传》）

廉颇雕像

（8）如果占卜不灵，都要用鸡蛋摩擦龟以驱除不祥，面<u>朝东</u>站着，用荆枝或硬木灼龟，用土捏成卵形来指龟三遍，然后拿起龟用土卵绕一圈。——人若已卜不中，皆祓之以卵，<u>东</u>向立，灼以荆若刚木，土卵指之者三，持龟以卵周环之。（《史记·龟策列传》）

（9）现在，如果向<u>西</u>拱手臣服，和做牛的肛门有什么不同呢？——今<u>西</u>面交臂而臣事秦，何异于牛后乎？（《史记·苏秦列传》）

（10）假如魏国发动所有军队向<u>南面</u>攻打楚国，胜利是肯定的。——悉梁之兵<u>南</u>面而伐楚，胜之必矣。（《史记·张仪列传》）

如上的讲解，你如果懂了，就不妨再从古代汉语的句法中回到现代

汉语的句法中(前为古代汉语,后为现代汉语):

(1)沛公北向坐。(司马迁《鸿门宴》)——沛公(面)向北坐。

(2)哙遂入,披帷西向立。(司马迁《鸿门宴》)——樊哙于是进入,拨开帷幕向西站着。

(3)以赂秦之地封天下之谋臣,以事秦之心礼天下之奇才,并力西向,则吾恐秦人食之不得下咽也。(苏洵《六国论》)——(如果六国诸侯)用贿赂秦国的土地来封给天下的谋臣,用侍奉秦国的心来礼遇天下的奇才,齐心合力地向西(对付秦国),那么,我恐怕秦国人吃饭也不能咽下咽喉去。

(4)其卜必北向,龟甲必尺二寸。(《史记·龟策列传》)——占卜时必须面向北,龟甲要用一尺二寸的。

(5)然而以其余兵南面举五千乘之大宋,而包十二诸侯。(《史记·苏秦列传》)——然而,还要发动剩余的兵力向南攻打拥有五千辆战车的宋国,吞并十二个小诸侯国。

(6)今西面而事之,见臣于秦。(《史记·苏秦列传》)——现在您竟然有意向西面奉事秦国,自称是秦国东方的属国。

(7)万世之后,吾宁能北面臣事竖子乎!(《史记·淮南衡山列传》)——陛下万世之后,我岂能向北称臣事奉小儿呢!

(8)故曰秦为大鸟,负海内而处,东面而立。(《史记·楚世家》)——所以说,秦国是只大鸟,背靠大陆居住,面向东方屹立。

(9)韩见亡,必东面而愬于齐矣。(《史记·田敬仲完世家》)——韩国就要亡国,必定要到东边来向齐国告求救兵。

(10)齐威王、宣王用孙子、田忌之徒,而诸侯东面朝齐。(《史记·孟子荀卿列传》)——齐威王和宣王举用孙膑和田忌等人,国力强盛,使各诸侯国都向东来朝拜齐国。

为了检验一下你对古代汉语中这一句法的掌握程度,你不妨再快速阅读如下古汉语中的例子,并试着用现代汉语说说。

(1)今乃弃黔首以资敌国,却宾客以业诸侯,使天下之士退而不敢西向,裹足不入秦,此所谓"藉寇兵而赍盗粮"者也。(《史记·李斯列传》)

(2)西向让天子位者再,南面让天子位者三。(《史记·袁盎晁错列传》)

(3)禹于是遂即天子位,南面朝天下,国号曰夏后,姓姒氏。(《史记·夏本纪》)

(4)将军何不还兵与诸侯为从,约共攻秦,分王其地,南面称孤。(《史记·项羽本纪》)

(5)周公之代成王治,南面倍依以朝诸侯。(《史记·鲁周公世家》)

(6)子之南面行王事,而哙老不听政,顾为臣,国事皆决于子之。(《史记·燕召公世家》)

(7)劳民休众,南面称王矣。(《史记·楚世家》)

(8)君又南面而称寡人,日绳秦之贵公子。(《史记·商君列传》)

(9)夫以韩之劲与大王之贤,乃西面事秦,交臂而服,羞社稷而为天下笑,无大于此者矣。(《史记·苏秦列传》)

(10)今乃有意西面而事秦,称东藩,筑帝宫,受冠带,祠春秋,臣窃为大王耻之。(《史记·苏秦列传》)

(11)秦举甲出武关,南面而伐,则北地绝。(《史记·张仪列传》)

(12)齐人南面攻楚,泗上必举。(《史记·春申君列传》)

下面我们再看看上面这些方位句用现代汉语怎么说,你可以对照一下:

(1)而现在陛下您抛弃了百姓来帮助敌国,排斥宾客而使他们为其他诸侯国建立功业,使天下有才之士后退而不敢向西前行,停住脚步而

不敢进入秦国,这正是人们所说的"借武器给敌人,送粮食给盗贼"啊!

(2)面向西两次辞让天子位,面向南有三次辞让天子位。

(3)禹这才继承了天子之位,向南面接受天下诸侯的朝拜,国号为夏后,姓姒氏。

(4)将军您不如率兵掉转回头,与诸侯联合,订立和约一起攻秦,共分秦地,各自为王,面向南称孤。

(5)过去周公代替成王治天下时,面向南方,背对扆(yǐ,椅)壁,接受诸侯朝拜。

(6)子之就面向南坐在君位上,行使国王的权力;燕王哙年老不再处理政务,反而成为臣子,国家一切政务都由子之裁决。

(7)这样,就能慰劳百姓,休养士兵,您就可以面向南称王了。

(8)您又在商於封地面向南称君,天天用新法来逼迫秦国的贵族子弟。

(9)凭着韩国兵力的强劲和大王的贤明,却向西侍奉秦国,拱手而臣服,使国家蒙受耻辱而被天下人耻笑,没有比这更严重的了。

(10)现在您竟然有意向西面奉事秦国,自称是秦国东方的属国,为秦国建筑离宫,接受秦国的分封,采用秦国的冠服式样,春秋季节给秦国纳贡助祭,我私下为大王感到羞耻。

(11)秦国发动军队出武关,向南边进攻,楚国的北部地区就被切断。

(12)齐国人向南攻击楚地,泗水地区必定攻克。

2. 在叙述某个动作行为在某个地点发生时,如"在渑池会见",现代汉语说:在渑池会见;古代汉语说:会渑池。

先读为快:在渑池会见/会渑池;在渑池会见/会渑池;在渑池会见/会渑池……

这两种句法的不同点就在于:前者(现代汉语)地点词"渑池"在动词"相会"的前面,而且"渑池"之前有一介词"在"以示其位;后者(古代汉语)地点词"渑池"在动词"会"的后面,且"渑池"之前没有介词指示其位。

在"在渑池会见;/会渑池"的句法中,与"渑池/渑池"相当的地点词,如"庭院树下/庭树下"、"黄河以北、黄河以南/河北、河南"、"匈奴内部/匈奴中"、"北海上/海上"、"梁国/梁"等,都可能出现在"渑池/渑池"这个地点词的位置上;与"会见/会"相当的动词或动词性短语,如"鸣叫/号"、"徘徊/徘徊"、"作战/战"、"谋反/谋反"、"打猎/弋射"、"地震/地震"、"相斗/斗"、"做国相/相"、"接见我/见臣"等,都可能出现在"会见/会"这个动词的位置上。

为了加深对这两种不同句法的印象,你不妨再仔细地阅读如下的例子(前为现代汉语,后为古代汉语):

(1)赵王同意廉颇的建议,就和秦王在渑池会见。——王许之,遂与秦王会渑池。(司马迁《廉颇蔺相如列传》)

(2)只见可怜的鸟儿在古树上鸣叫。——但见悲鸟号古木。(李白《蜀道难》)

(3)在庭院里的树下徘徊,自已在向着东南的树枝上吊死。——徘徊庭树下,自挂东南枝。(汉乐府《孔雀东南飞》)

(4)将军在黄河以北作战,我在黄河以南作战。——将军战河北,臣战河南。(司马迁《鸿门宴》)

(5)适逢缑王与长水人虞常等人在匈奴内部谋反。——会缑王与长水虞常等谋反匈奴中。(班固《苏武传》)

(6)共过了五六年,单于的弟弟於靬王在北海上打猎。——积五六年,单于弟於靬王弋射海上。(班固《苏武传》)

如上的讲解,你如果懂了,就不妨再从古代汉语的句法中回到现代汉语的句法中(前为古代汉语,后为现代汉语):

难乎?不难!——古汉语与现代汉语句法比较

（1）后数日驿至，果地震陇西。（《后汉书·张衡传》）。——几天后，驿站上传送文书的人来了，证明果然在陇西地震了。

（2）日，见二虫斗草间。（沈复《童趣》）——有一天，我看见两只小虫在草间相斗。

（3）惠子相梁，庄子往视之。（《庄子·故事两则》）——惠施在梁国做国相，庄子去看望他。

（4）今臣至，大王见臣列观。（司马迁《廉颇蔺相如列传》）——现在我来到秦国，大王却在一般的宫殿里接见我。

（5）见燕使者咸阳宫。（《战国策·荆轲刺秦王》）——在咸阳宫接见燕国的使者。

（6）臣尝从大王与燕王会境上。（司马迁《廉颇蔺相如列传》）——我曾跟随大王与燕王在边境相会。

为了检验一下你对古代汉语中这一句法的掌握程度，你不妨再快速阅读如下古汉语中的例子，并试着用现代汉语说说。

（1）俱会大道口。（汉乐府《孔雀东南飞》）

（2）天子射上林中，得雁。（班固《苏武传》）

（3）孙公子禹年与同人饮楼上。（蒲松龄《山市》）

（4）种豆南山下。（陶渊明《归田园居》）

（5）闲来垂钓碧溪上。（李白《行路难》）

（6）独守丞与战谯门中。（司马迁《陈涉世家》）

（7）沛公欲王关中，使子婴为相。

陶渊明像

（司马迁《鸿门宴》）

下面我们再将上面方位句的现代汉语说法提供给你，你可以对照一下：

(1) 一起在大路口会合。
(2) 天子在上林苑中射猎，射得一只大雁。
(3) 孙公子禹年跟他的同业朋友在楼上喝酒。
(4) 在南山坡下种豆。
(5) 空闲时（象吕尚一样）在碧溪上垂钓。
(6)（攻打陈县时，郡守和县令都不在城中，）只有守丞在谯门中同起义军作战。
(7) 刘邦想要在关中称王，让子婴做相。

3. 在叙述某个动作行为在某个地点发生时，如"在渑池相会"，现代汉语说：在渑池相会；古代汉语说：会于渑池。

先读为快：在渑池相会/会于渑池；在渑池相会/会于渑池；在渑池相会/会于渑池……

这两种句法的不同点就在于：前者（现代汉语）地点词"渑池"在动词"相会"的前面，而且"渑池"之前有一介词"在"以示其位；后者（古代汉语）地点词"渑池"之前先由一介词"于"以示其位，然后一起位于动词"会"的后面。

在"在渑池相会；/会于渑池"的句法中，与"渑池"相当的地点词语，如"庭院的树/庭树"、"京城/台阁"、"赤壁下面/赤壁之下"、"江中和沙地上/江渚之上"、"江湖之间/江湖间"、"朝堂/庭"、"柱子/柱"、"崇山峻岭/崇阿"等，都可能出现在"渑池"这个地点词的位置上；与"相会/会"相当的动词或动词性短语，如"吊死/自缢"、"任官职/仕宦"、"游玩/游"、"捕鱼砍柴/渔樵"、"辗转流浪/转徙"、"拜送国书/拜送书"、

"撞碎/碎"、"再次见到将军/复见将军"、"访求风景/访风景"、"升起/出"等,都可能出现在"相会/会"这个动词的位置上;与"在/于"相当的介词,如"从/于"、"到/于"等,都可能出现在"在/于"这个介词的位置上。

为了加深对这两种不同句法的印象,你不妨再仔细地阅读如下的例子(前为现代汉语,后为古代汉语):

(1)在西河外渑池相会。——会于(西河外)渑池。(司马迁《廉颇蔺相如列传》)

(2)焦仲卿听到后,在(自家)庭院的树上吊死了。——仲卿闻之,亦自缢于庭树。(汉乐府《孔雀东南飞》)

(3)在京城里任官职。——仕宦于台阁。(汉乐府《孔雀东南飞》)

(4)苏子(我)和友人乘船在赤壁下面游玩。——苏子与客泛舟游于赤壁之下。(苏轼《赤壁赋》)

(5)何况我同你在江中和沙洲上捕鱼砍柴——况吾与子渔樵于江渚之上。(苏轼《赤壁赋》)

(6)在江湖之间辗转流浪。——转徙于江湖间。(白居易《琵琶行并序》)

(7)在朝堂上拜送国书。——拜送书于庭。(司马迁《廉颇蔺相如列传》)

(8)我的头现在就与和氏璧一起在柱子上撞碎——臣头今与璧俱碎于柱矣。(司马迁《廉颇蔺相如列传》)

(9)能够在这里再次见到将军——得复见将军于此。(司马迁《鸿门宴》)

(10)在朝堂上安设"九宾"的礼节,——设九宾于廷。(司马迁《廉颇蔺相如列传》)

(11)在崇山峻岭中访求风景。——访风景于崇阿。(王勃《滕王阁序》)

（12）月亮从东山上升起，缓慢地在斗宿和牛宿之间移动。——月出于东山之上，徘徊于斗牛之间。（苏轼《赤壁赋》）

（13）墨子听说了这件事，就从鲁国出发。——子墨子闻之，起于鲁。（《墨子·公输》）

（14）想要喝水，就到黄河、渭水喝水。——欲得饮，饮于河、渭。（《山海经·夸父逐日》）

如上的讲解，你如果懂了，就不妨再从古代汉语的句法中回到现代汉语的句法中（前为古代汉语，后为现代汉语）：

（1）燕王拜送于庭。（《战国策·荆轲刺秦王》）——燕王在朝廷上行跪拜礼。

（2）使毕使于前。（《战国策·荆轲刺秦王》）——让他在大王的面前完成他的使命。

（3）太守与客来饮于此。（欧阳修《醉翁亭记》）——太守和宾客来到这里饮酒。

（4）暮春之初，会于会稽山阴之兰亭。（王羲之《兰亭集序》）——暮春之初，我们在会稽郡山阴县的兰亭集会。

（5）未尝不临文嗟悼，不能喻之于怀。（王羲之《兰亭集序》）——总难免要在前人的文章面前嗟叹一番，不过在心里却弄不明白这是怎么回事。

（6）畔主背亲，为降虏于蛮夷。（班固《苏武传》）——背叛皇上、抛弃亲人，在异族那里做投降的奴隶。

（7）夏蚊成雷，私拟作群鹤舞于空中。（沈复《童趣》）——夏夜里，蚊群发出雷鸣似的叫声，我心里把它们比作群鹤在空中飞舞。

（8）怀民亦未寝，相与步于中庭。（苏轼《记承天寺夜游》）——怀民也没有睡，我们便一同在庭院中散步。

（9）并有乘骑弄旗标枪舞刀于水面者。（周密《观潮》）——并有骑

着马匹耍弄旗帜标枪以及<u>在水面之上</u>舞弄大刀的人。

（10）溯迎而上，出没于鲸波万仞中。（周密《观潮》）——逆着水流踏浪而上，<u>在极高的波涛之中</u>，忽隐忽现腾越着身子。

（11）刻唐贤今人诗赋于其上。（范仲淹《岳阳楼记》）——<u>在楼上</u>刻了唐代名人和当代人的诗赋。

范仲淹像

（12）迁客骚人，多会于此。（范仲淹《岳阳楼记》）——降职的官吏和来往的诗人，大多<u>在这里</u>聚会。

（13）渐闻水声潺潺而泻出于<u>两峰之间者</u>，酿泉也。（欧阳修《醉翁亭记》）——渐渐地听到潺潺的水声并看到一股水流从<u>两个山间</u>飞泻下来的，是酿泉。

（14）衡少善属文，游于三辅。（《后汉书·张衡传》）——张衡年轻时就善于写文章，到<u>西汉故都长安及其附近地区</u>考察学习。

为了检验一下你对古代汉语中这一句法的掌握程度，你不妨再快速阅读如下古汉语中的例子，并试着用现代汉语说说。

（1）峰回路转，有亭翼然临于<u>泉上者</u>，醉翁亭也。（欧阳修《醉翁亭记》）

（2）至于负者歌于途，行者休于树。（欧阳修《醉翁亭记》）

（3）潇然于<u>山石草木之间者</u>，惟此官也。（袁宏道《满井游记》）

（4）将军既帝室之胄，信义著于<u>四海</u>。（陈寿《隆中对》）

（5）臣本布衣，躬耕于<u>南阳</u>，苟全性命于乱世。（诸葛亮《出师表》）

（6）三顾臣于<u>草庐之中</u>。（诸葛亮《出师表》）

（7）搜于<u>国中</u>三日三夜。（《庄子·故事两则》）

（8）庄子与惠子游于濠梁之上。（《庄子·庄子与惠子游于濠梁》）

（9）公与之乘，战于长勺。（《左传·曹刿列传》）

（10）能谤讥于市朝，闻寡人之耳者，受下赏。（《战国策·邹忌讽齐王纳谏》）

（11）此所谓战胜于朝廷。（《战国策·邹忌讽齐王纳谏》）

（12）步余马于兰皋兮。（屈原《离骚》）

（13）然侍卫之臣不懈于内，忠志之士忘身于外者。（诸葛亮《出师表》）

（14）夫鹓鶵发于南海，而飞于北海。（《庄子·故事两则》）

（15）晶晶然如镜之新开，而冷光之乍出于匣中。（袁宏道《满井游记》）

（16）休祲降于天。（《战国策·唐雎不辱使命》）

下面我们再将上面方位句现代汉语的说法提供给你，你可以对照一下：

（1）山势回环，道路弯转，有一个亭子四角翘起像鸟张开翅膀一样在泉水之上高踞的，是醉翁亭。

（2）至于背着东西的人在路上歌唱，走路的人在树下休息。

（3）在山石草木之间潇洒徜徉的，只有"教授"这种官职。

（4）将军您既然是汉朝皇帝的后代，威信和义气在天下闻名。

（5）我本来是个平民，在南阳亲自种地，只希望在乱世里苟且保全性命。

（6）三次到草庐来探望我。

（7）在国都搜捕三天三夜。

（8）庄子与惠施在濠水的桥上游玩。

（9）庄公同他共坐一辆战车。（鲁国齐国的军队）在长勺作战。

（10）能够在公共场所批评议论我的过失，并能传到我的耳朵里的，

受下等奖赏。

(11)这就是所谓在朝廷上战胜别国。

(12)让我的马在生有兰草的水边漫步啊。

(13)然而朝中官员在首都毫不懈怠,忠诚有志的将士在外面舍生忘死。

(14)那个鹞鹧从南海起飞,飞到北海去。

(15)亮晶晶像刚打开的镜子,冷光从镜匣中射出。

(16)祸福的征兆就从天上降下。

第七章

比较句的分别

什么是比较句？一个句子描写某人某事与某人某事相比怎么样，这个句子就叫比较句。前者"某人某事"称主体对象，后者"某人某事"称比较对象，"怎么样"称比较性质，多由形容词充当。

1. 在描写某某（如"老师"）比"某某"（如"学生"）贤能时，现代汉语说：老师比学生贤能；古代汉语说：师贤于弟子。

先读为快：老师比学生贤能／师贤于弟子；老师比学生贤能／师贤于弟子；老师比学生贤能／师贤于弟子……

那么，你知道以上两种句法的不同吗？

其不同点就在于：前者（现代汉语）比较对象"学生"在形容词"贤能"的前面，而且比较对象"学生"之前有一介词"比"以示引进；后者（古代汉语）比较对象"弟子"之前先有一介词"于"以示引进，然后一起位于形容词"贤"的后面。

需要说明的是，在"老师比学生贤能／师贤于弟子"的句法中，与"老师／师"相当的主体对象名词或短语，如"周官／周司"、"靛青／青"、"我／臣"、"苛刻残酷的政治／苛政"等，都可能出现在"老师／师"这个名词的位置上；与"学生／弟子"相当的比较对象名词或短语，如"流星坠落／流火"、"蓝草的颜色／蓝"、"生命／生"、"周朝的公侯／周公"等，都可能出现在"学生／弟子"这个名词的位置上；与"贤能／贤"相当的形容词，如

"青/青"、"急迫/急"、"漂亮/美"、"更重要/甚"、"富有/富"、"多/多"等,都可能出现在"贤能/贤"这个形容词的位置上。

为了加深对这两种不同句法的印象,你不妨再仔细阅读如下的例子(前为现代汉语,后为古代汉语):

(1)老师不一定比学生贤能。——师不必贤于弟子。(韩愈《师说》)

(2)靛青,是从蓝草中提取的,却比蓝草的颜色还要青;冰,是由水构成的,但比水更寒冷。——青,取之于蓝,而青于蓝;冰,水为之,而寒于水。(《荀子·劝学》)

(3)州官登门督促,比流星坠落还要急迫。——州司临门,急于星火。(李密《陈情表》)

(4)我妻子偏爱我,我的妾害怕我,我的客人想有求于我,他们都认为我比徐公漂亮。——臣之妻私臣,臣之妾畏臣,臣之客欲有求于臣,皆以美于徐公。(《战国策·邹忌讽齐王纳谏》)

如上的讲解,你如果懂了,就不妨再从古代汉语的句法走回到现代汉语的句法中(前为古代汉语,后为现代汉语):

(1)生亦我所欲,所欲有甚于生者。(《孟子·鱼我所欲也》)——生命是我想要的,但我所追求的还有比生命更重要的东西。

(2)季氏富于周公。(《论语·先进》)——季氏比周朝的公侯更富有。

(3)叔孙武叔语大夫于朝曰:"子贡贤于仲尼。"(《论语·子张》)——叔孙武叔在朝堂上和大夫们议论说:"依我看,子贡的德行和才学比仲尼更完美!"

(4)王如知此,则无望民之多于邻国。(《孟子·齐桓晋文之事》)——大王您既然知道这样,那么就不要希望你的百姓要比邻国的百姓多。

为了再检验一下你对古代汉语中这一句法的掌握程度,你不妨再快速阅读如下古汉语中的例子,并试着用现代汉语说说。

(1)且王者之不作,未有疏于此时者也;民之憔悴于虐政,未有甚于此时者也。(《孟子·公孙丑上》)

(2)孔子曰:"小子识之,苛政猛于虎也。"(《礼记·檀弓》)

(3)毛先生以三寸之舌,强于百万之师。(《史记·平原君列传》)

(4)君危于累卵。(《战国策·秦策》)

汉古阁《礼记》书影

下面我们再将上面比较句的现代汉语说法提供给你,你可以对照一下:

(1)再说,实行仁政的君王没有出现,从未有比现在间隔这么长时间;百姓被暴政折磨得憔悴不堪,从未有比现在这么厉害。

(2)孔子说:"你们(子路等)都知道了吧,苛刻残酷的政治比老虎还凶猛呢。"

(3)毛先生(毛遂)用三寸长的舌头(说话),比百万军队的威力还强。

(4)您的处境比堆起来的蛋还危险。

2. 在描写某某（如"我"）与"某某"（如"徐公"）相比哪个漂亮时，现代汉语说：我与徐公哪个漂亮？ 古代汉语说：吾孰与徐公美？

先读为快：我与徐公哪个漂亮？／吾孰与徐公美？ 我与徐公哪个漂亮？／吾孰与徐公美？ 我与徐公哪个漂亮？／吾孰与徐公美？……

这两种句法的不同点就在于：前者（现代汉语）疑问代词"哪个"在介词"与"和比较对象"徐公"构成的介宾短语"与徐公"的后面；后者（古代汉语）疑问代词"孰"在介词"与"和比较对象"徐公"构成的介宾短语"与徐公"的前面。

在"我与徐公哪个漂亮／吾孰与徐公美"的句法中，与"我／吾"相当的主体对象代词、名词或短语，如"项伯／项伯"、"廉将军／廉将军"、"鬼神／鬼神"、"如今我取得的成就／今某之业所就"、"大王得到的好处／王之获利"、"圣明英武／圣武"等，都可能出现在"我／吾"这个代词的位置上；与"徐公／徐公"相当的比较对象名词、代词或短语，如"你／君"、"秦王／秦王"、"圣人／圣人"、"仲／仲"、"秦国／秦"、"高祖／高帝"等，都可能出现在"徐公／徐公"这个名词的位置上；与"哪个／孰"相当的疑问代词，如"谁／孰"等，都可能出现在"哪个／孰"这个疑问代词的位置上；与"漂亮／美"相当的形容词，如"年龄大小／少长"、"明智／明智"、"多／多"、"贤能／贤"等，都可能出现在"漂亮／美"这个形容词的位置上；与"与／与"相当的介词，如"和／与"、"同／与"、"跟／与"等，都能出现在"与／与"这个介词的位置上。

还需说明的是，在现代汉语句法"我与徐公哪个漂亮？"中，主体对象和比较对象"我与徐公"的后面还可以加上比较词"比"或"相比"，如本句亦可说成："我与徐公（比）哪个漂亮？""我与徐公（相比）哪个漂亮？"；在古汉语句法"吾孰与徐公美？"中，比较性质形容词"美"在具体的上下文中可以省略，如本句法亦可省略为："吾孰与徐公？"

为了加深对这两种不同句法的印象，你不妨再仔细阅读如下的例子（前为现代汉语，后为古代汉语）：

（1）邹忌不相信自己会比徐公漂亮，就又问他的妾："我同徐公比，谁漂亮？"妾说："徐公怎么能比得上您呢？"——忌不自信，而复问其妾曰："吾孰与徐公美？"妾曰："徐公何能及君也？"（《战国策·邹忌讽齐王纳谏》）

（2）刘邦说："（项伯）跟你比，（年龄）谁大谁小？"张良说："（项伯）比我大。"——沛公曰："（项伯）孰与君少长？"良曰："长于臣。"（司马迁《鸿门宴》）

（3）蔺相如坚决挽留他们，说："你们看廉将军与秦王相比哪个厉害？"——蔺相如固止之，曰："公之视廉将军孰与秦王？"（司马迁《廉颇蔺相如列传》）

（4）早点去救韩国与晚点去救韩国哪个更好？——蚤救之孰与晚救之？（《史记·田敬仲完世家》）

（5）巫马子问墨子说："鬼神与圣人相比，哪个更明智？"——巫马子谓子墨子曰："鬼神孰与圣人明智？"（《墨子·耕柱》）

如上的讲解，你如果懂了，就不妨再从古代汉语的句法中回到现代汉语的句法中（前为古代汉语，后为现代汉语）：

（1）旦日，客从外来，与坐谈，问之："吾孰与徐公美？"客曰："徐公不若君之美也！"（《战国策·邹忌讽齐王纳谏》）——第二天，有客人从外面来，邹忌同他坐着闲聊，邹忌又问他："我同徐公比，谁漂亮？"客人说："徐公不如您漂亮。"

（2）今某之业所就孰与仲多？（《史记·高祖本纪》）——如今我成就的事业与仲相比，谁的多呢？

（3）赋田计功，王之获利孰与秦多？（《史记·赵世家》）——为了助秦攻战，赵国赋田计税，耗费巨大财力，请问大王得到的好处与秦国相比谁更多呢？

（4）齐威王召大臣而谋曰："救赵孰与勿救？"驺忌曰："不如勿救。"

（《史记·田敬仲完世家》）——齐桓公召来大臣们问："救韩国与不救韩国哪个更好？"驺忌说："不如不去救。"

（5）参免冠谢曰："陛下自察圣武孰与高帝？"上曰："朕乃安敢望先帝乎！"（《史记·曹相国世家》）——曹参脱下所戴的帽子，谢罪说："陛下自己观察，你的圣明英武同高祖相比，哪个更强？"惠帝说："我怎么敢同高祖比啊！"

为了检验一下你对古代汉语中这一句法的掌握程度，你不妨再快速阅读如下古汉语中的例子，并试着用现代汉语说说。

（1）邹忌修八尺有余，而形貌昳丽。朝服衣冠，窥镜，谓其妻曰："我孰与城北徐公美？"（《战国策·邹忌讽齐王纳谏》）

（2）曰："陛下观臣能孰与萧何贤？"上曰："君似不及也。"（《史记·曹相国世家》）

（3）陈平曰："陛下精兵孰与楚？"上曰："不能过。"（《史记·陈丞相世家》）

（4）子观我治秦也，孰与五羖大夫贤？（《史记·商君列传》）

（5）甘罗曰："应侯之用于秦也，孰与文信侯专？"张卿曰："应侯不如文信侯专。"（《史记·樗里子甘茂列传》）

（6）高曰："君侯自料能孰与蒙恬？功高孰与蒙恬？谋远不失孰与蒙恬？无怨于天下孰与蒙恬？长子旧而信之孰与蒙恬？"斯曰："此五者皆不及蒙恬，而君责之何深也？"（《史记·李斯列传》）

（7）因问陆生曰："我孰与萧何、曹参、韩信贤？"陆生曰："王似贤。"（《史记·郦生陆贾列传》）

（8）滇王与汉使者言曰："汉孰与我大？"（《史记·西南夷列传》）

下面我们再将上面比较句的现代汉语说法提供给你，你可以对照一下：

（1）邹忌身高八尺多，形体容貌光艳美丽。一天早晨，邹忌穿戴好衣帽，照着镜子，对他的妻子说："我同城北徐公比，谁漂亮？"

（2）（曹参）说："陛下看我的才能跟萧何比，谁更强一些？"惠帝说："你好像比不上萧何。"

（3）陈平说："陛下的精兵和楚王相比哪个强？"高帝答道："不能超过他们。"

（4）你看我治理秦国，与五羖大夫相比谁高明？

（5）甘罗说："应侯在秦国掌权的时候，与文信侯相比谁更专权？"张唐说："应侯不如文信侯专权。"

（6）赵高说："你自己估量一下，你的能力与蒙恬相比谁强？你的功劳与蒙恬相比谁大？你的深谋远虑没有失误与蒙恬相比谁厉害？你的不被天下的人怨恨与蒙恬相比谁更突出？你的对于长子扶苏的旧交而受到信任与蒙恬相比谁更胜一筹？"李斯说："这五件我都比不上蒙恬，你对我的责求为什么这么苛刻呢？"

（7）接着问陆生说："我与萧何、曹参、韩信比哪个贤能些？"陆生说："君王您似乎贤能些。"

（8）滇王问汉朝使者说："汉朝与我们滇国相比哪个大？"

095

第八章

强调句的区别

什么是强调句？在说话中对某个叙说对象有特意强调的意思，这样说出来的句子就叫强调句。对于强调句，现代汉语与古代汉语表现的形式有所不同，以下我们以实例来说明。

1. 在强调某个行为（如"责备"）的对象（如"你"）时，现代汉语说：责备你；古代汉语说：尔是过。

先读为快：责备你/尔是过；责备你/尔是过；责备你/尔是过……

那么，你知道以上两种句法的不同吗？

其不同点就在于：前者（现代汉语）行为对象代词"你"在动词"责备"的后边；后者（古代汉语）行为对象代词"尔"在动词"过"的前面，而且在"尔""过"之间增一"是"字以增加行为对象被强调的意味。

需要说明的是，在"责备你/尔是过"的句法中，与"是"作用相当的字，如"之"、"焉"、"斯"、"实"、"于"、"来"等，都可能出现在"是"这个字的位置上；与"责备/过"相当的动词或介词，如"知道/知"、"解决/解"、"自/由"、"为、为了/为"、"依靠/依"、"享用/飨"、"继承/继"、"忧虑/恤"、"担忧/忧"、"消灭/灭"、"害怕/惧"、"问/问"等，都可能出现在"责备/过"这个动词的位置上；与行为对象"你/尔"相当的代词、名词或短语，如"断句/句读"、"疑惑/惑"、"我们/我"、"那个人/夫人"、"晋国和郑国/晋郑"、"两壶酒/朋酒"、"我/不谷"、"先君的友好关系/先君之好"、"流亡/亡"、"臣子们/群臣"等,都可能出现在"你/尔"这个代词的位置上。

为了加深对这两种不同句法的印象,你不妨再仔细阅读如下的例子(前为现代汉语,后为古代汉语):

(1)冉求! 这恐怕要责备你了吧? ——求! 无乃尔是过与? (无乃:恐怕;过:责备)(《论语·季氏》)

(2)不知道断句,不能解决疑惑问题。——句读之不知,惑之不解。(韩愈《师说》)

(3)秦康公是从我们(晋国)出生的。——康公我之自出。(《左传·成公十四年》)

(4)不为那个人悲恸还为谁悲恸? ——非夫人之为恸而谁为?(《论语·先进》)

(5)我周朝迁往东边,靠近晋国和郑国。——我周之东迁,晋郑焉依。(《左传·隐公六年》)

(6)享用两壶酒,杀几个肥壮的羔羊。——朋酒斯飨,曰杀羔羊。(《诗经·豳风·七月》)

如上的讲解,你如果懂了,就不妨再从古代汉语的句法中回到现代汉语的句法中(前为古代汉语,后为现代汉语):

(1)岂不谷是为? 先君之好是继。(不谷:我)(《左传·僖公四年》)——这难道是为了我吗? (不是的,而是为了)继承先君的友好关系啊!

(2)君亡之不恤,而群臣是忧,惠之至也。(亡:逃亡,流亡)(《左传·僖公十五年》)——君王不忧虑自己流亡在外,却担忧臣子们,真是仁惠到极点。

(3)麋鹿之与处,猿狖之与居。(韩愈《上宰相书》)——同麋鹿相

处,与<u>猿狄</u>居住。

（4）臣闻之,鬼神非<u>人</u>实亲,惟<u>德</u>是依。（《左传僖公五年》）——我听说,鬼神非亲<u>人</u>,只依<u>德</u>。

（5）<u>四国</u>于<u>蕃</u>,<u>四国</u>于<u>宣</u>。（《诗经·大雅·崧高》）——使<u>四方</u>作为周王朝的藩篱,使<u>四方</u>作为周王朝的垣墙。（"蕃",通藩,屏障;"宣",通垣,垣墙。名词"蕃"、"宣"在此用作动词,即"蕃四国,宣四国"。）

（6）匪<u>安</u>匪<u>游</u>,<u>淮夷</u>来求。（《诗经·大雅·江汉》）——不敢安乐游玩,只想拯救<u>淮夷</u>。

（7）故人苟<u>生</u>之为见,若者必死,苟<u>利</u>之为见,若者必害。（《荀子·礼论》）——所以,一个人如果只看到<u>生</u>,这样的话他一定会死;如果只看到<u>利</u>,这样的话他必定会受害。

《尚书》书影

（8）此<u>厥</u>不听,人乃训之。（《尚书·无逸》）——若不听<u>此</u>,人们就教训他。

为了再试验一下你对古代汉语的这一句法的掌握程度,你不妨快速阅读下面古代汉语中的例句,并试着用现代汉语说说。

（1）将<u>虢</u>是灭,何爱于虞?（《左传·僖公五年》）

（2）今吴<u>是</u>惧而城于郢。（《左传·昭公二十三年》）

（3）吾以子为<u>异</u>之问,曾<u>由</u>与<u>求</u>之问。（异:别的事情;由:人名,即子路;求:人名,即冉求）（《论语·先进》）

（4）我周之东迁,<u>晋</u>、<u>郑</u>是依。（《国语·周语中》）

（5）王说,曰:"《诗》云,'他人有心,予忖度之',<u>夫子</u>之谓也。"（《孟子·梁惠王上》）

(6)有皇上帝,伊谁云憎?(《诗经·小雅·正月》)

(7)叔仲昭伯曰:"我楚国<u>之为</u>,岂为一人行也?"(《左传·襄公二十八年》)

下面我们再将上面强调句的现代汉语说法提供给你,你可以对照一下:

(1)都将要消灭<u>虢国</u>了,又怎么会爱惜你这个虞国呢?

(2)如今(楚国人因)惧怕<u>吴国</u>而在郢都修筑城墙。

(3)我以为你是问<u>别</u>的事情,原来是问<u>子路与冉求</u>呀。

(4)我周朝的国都东迁洛邑,依靠<u>晋国和郑国</u>的力量。

(5)齐宣王高兴了,说:"《诗经》里讲:'别人有什么想法,我能揣测它。'(这话是)说<u>夫子</u>啊。"

(6)上帝究竟憎恨<u>什么样</u>的人呢?

(7)[宋大夫]叔仲昭伯说:"我们是为了<u>楚国</u>而来的,难道仅仅为了楚康王一个人才来的吗?"

2.在强调某个行为只是为了图利时,现代汉语说:<u>只图利</u>;古代汉语说:<u>唯利是图</u>。

先读为快:<u>只图利</u>/唯利是图;只图利/唯利是图;<u>只图利</u>/唯利是图……

这两种句法的不同点就在于:前者(现代汉语)行为对象名词"利"在动词"图"的后边,副词"只"位于动词"图"之前以示对行为对象的强调;后者(古代汉语)行为对象名词"利"在动词"图"的前面,副词"唯"位于行为对象名词"利"之前,而且名词"利"和动词"图"之间还有一"是"字,这样"唯""是"二字组合更增加行为对象被强调的意味。

在"<u>只图利</u>/唯利是图"的句法中,与"是"作用相当的字,如"之"、"之为"等,都可能出现在"是"这个字的位置上;与"图/图"功能相当的

动词,如"依靠/依"、"想/念"、"败坏/败"、"确守/守"、"实行/行"、"看/瞻"、"担心/忧"、"力求去掉/务去"、"寻求/求"、"看见/视"、"辅佐/辅"、"归顺/怀"等,都可能出现在"图/图"这个动词的位置上;与"利/利"相当的行为对象名词或代词或短语,如"哥嫂/兄嫂"、"鱼/鱼"、"卫国/卫国"、"马头/马首"、"疾病/疾"、"陈腐的语言/陈言"、"敌人/敌"、"利益/利"、"德/德"、"恩惠/惠"等,都可能出现在"利/利"这个名词的位置上。

为了加深对这两种不同句法的印象,你不妨再仔细阅读如下的例子(前为现代汉语,后为古代汉语):

(1)我从小就成了孤儿,等到大了,不知道应该依靠谁,只依靠哥嫂(抚养)。——吾少孤,及长,不省所怙,惟兄嫂是依。(韩愈《祭十二郎文》)

(2)现在我在河边持竿钓鱼时,心中不思虑杂事,只想鱼。——当臣之临河持竿,心无杂虑,唯鱼之念。(《列子·汤问》)

(3)这个人哪,将不只要败坏卫国,还要从我这个寡妇开始。——是夫也,将不唯卫国之败,其必始于未亡人。(未亡人:寡妇自称)(《左传·成公十四年》)

(4)只是确守仁,只是实行义。——惟仁之为守,惟义之为行。(《荀子·不苟》)

如上的讲解,你如果懂了,就不妨再从古代汉语的句法中回到现代汉语的句法中(前为古代汉语,后为现代汉语):

(1)荀偃令曰:"鸡鸣而驾,塞井夷灶,唯余马首是瞻。"(《左传·襄公十四年》)——荀偃命令说:"明天早晨,鸡一叫就开始驾马套车出发,各军都要填平水井,拆掉炉灶,作战的时候,全军将士只看我的马头来定行动的方向。"

（2）孟武伯问孝。子曰："父母唯其疾之忧。"（《论语·为政》）——孟武伯(向孔子)问关于"孝"的事。孔子说："对父母来说只担心他们的疾病。"

（3）惟(唯)陈言之务去。（韩愈《答李翊书》）——只要力求去掉陈腐的语言。

为了检验一下你对古代汉语中这一句法的掌握程度，你不妨快速阅读下面古代汉语中的例句，并试着用现代汉语说说。

（1）率师以来，唯敌是求。（《左传·宣公十二年》）
（2）余虽与晋出入，余唯利是视。（《左传·吕相绝秦》）
（3）皇天无亲，惟(唯)德是辅；民主无常，惟(唯)惠之怀。（德：指有德的人；惠：指能施予恩惠的人；怀：归顺）（《尚书·蔡仲之命》）
（4）维迩言是听，维迩言是争。（《诗经·小雅·小旻》）

下面我们再将上面强调句的现代汉语说法提供给你，你可以对照一下：

（1）带兵以来，只寻求敌人。
（2）我(秦国)虽然与晋国往来，但我只看到(晋国的)利益(而行事)。
（3）上天对人没有什么亲疏，他只辅佐有德的人；百姓心中没有什么常主，他们只归顺能施予恩惠的人。
（4）(昏君)只听浅近邪僻之言，(谗臣则)只进浅近邪僻之言。

3. 在强调某句话说的就是我时，现代汉语说：这就是说我啊！古代汉语说：我之谓也！

先读为快：这就是说我啊！/我之谓也！　这就是说我啊！/我之谓

也！ 这就是说我啊！/我之谓也！……

这两种句法的不同点就在于：前者（现代汉语）行为对象代词"我"在动词"说"的后边，动词"说"前用"这就是"一短语以增加强调行为对象的意味；后者（古代汉语）行为对象代词"我"在动词"谓"的前面，而且在"我""谓"之间增一"之"字以增加行为对象被强调的意味。

在"这就是说我啊/我之谓也"的句法中，与"我/我"相当的代词或名词，如"这/是"、"这/斯"、"这/此"、"您/夫子"、"陈桓公/陈桓公"等，都可能出现在"我/我"这个代词的位置上；与"啊/也"相当的语气词，如"呀/也"、"吧/也"、"了/也"、"吧/矣"、"了/矣"、"啊/乎"等，都可能出现在"啊/也"这个语气词的位置上。

还需说明的是，在古汉语句法"我之谓也"中，句首通常还可以有语气词"其"。根据上下文，这个"其"大概有陈述、感叹、推测等几种不同语气，其中推测语气可用副词"大概"对译。

为了加深对这两种不同句法的印象，你不妨再仔细阅读如下的例子（前为现代汉语，后为古代汉语）：

（1）有句俗话说："听到了上百种道理，就以为没有谁比得上自己了。"这就是说我呀！——野语有之曰："闻道百，以为莫己若者。"我之谓也！（《庄子·秋水》）

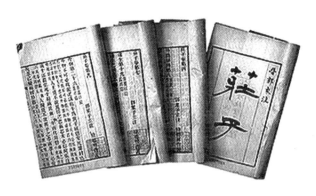

《庄子》书影

(2)《诗经》:"孝子是没有穷尽的,永久影响你的同类。"<u>这大概就是说颍考叔这种情况吧</u>!——诗曰:"孝子不匮,永锡尔类。"<u>其</u>是<u>之谓</u>乎!(《左传·隐公元年》)

(3)羊舌职说:"我听说,夏禹举拔好人掌政,不好的人就远离了。"<u>这就是说这样的事情吧</u>!——羊舌职曰:"吾闻之,禹称善人,不善人远。"<u>此之谓</u>也!(《左传·宣公十六年》)

(4)"嘴唇没有了牙齿就要受到寒冷",<u>这大概就是说这件事吧</u>?——"唇亡则齿寒",<u>其斯之谓</u>与?(《穀梁传·僖公二年》)

(5)《诗经》说:"别人有什么心思,我能揣测到。"<u>这就是说先生您这样的人啊</u>!——诗云:"他人有心,予忖度之。"<u>夫子之谓</u>也!(《孟子·齐桓晋文之事》)

(6)史官评价这件事说:"为善的机会是不可以失掉的,作恶的行为是不可助长的。"<u>这就是说陈桓公吧</u>!——君子曰:"善不可失,恶不可长。"<u>其陈桓公之谓</u>乎!(《左传·隐公六年》)

(7)谚语说:"百姓多存幸运,就是国家的不幸。"<u>这就是说这些没有好人在位的事啊</u>!——谚曰:"民之多幸,国之不幸也。"<u>是无善人之谓</u>也!(《左传·宣公十六年》)

如上的讲解,你如果懂了,就不妨再从古代汉语的句法中回到现代汉语的句法中(前为古代汉语,后为现代汉语):

(1)书曰:"欲败度,纵败礼。"<u>我之谓</u>矣!(《左传·昭公十年》)——《尚书》说:"欲望败坏法度,放纵败坏礼仪。"<u>这就是说我这样的人了</u>!

(2)商颂曰:"殷受命咸宜,百禄是荷。"<u>其</u>是<u>之谓</u>乎!(《左传·隐公三年》)——《商颂》曰:"殷王承受天命都适宜,所以蒙受了各种福禄。"<u>这大概就是说这种情况吧</u>!

(3)"有帅而不从,临孰甚焉?"<u>此之谓</u>矣!(《左传·宣公六

103

年》)——"有主帅而不服从其领导,还有什么比这临卦更坏的呢?"这就是说先縠这种不服从命令的行为了!

(4)周书曰:"殪戎殷。"此类之谓也!(《左传·宣公六年》)——《周书》说:"歼灭大殷朝。"这就是说这类人啊!

(5)君子曰:"石碏,纯臣也!恶州吁而厚与焉。'大义灭亲'。其是之谓乎!"(《左传·隐公四年》)——史官评价这件事说:"石碏,真是一位纯直的大臣!他因为痛恨州吁,把石厚也一起杀了。'大义灭亲',那正是说石碏这种行为啊!"

(6)诗曰:"不吊昊天,乱靡有定。"其此之谓乎!(《左传·成公七年》)——《诗经》说:"上天不善,祸乱就没有安定。"这大概就是说这种情况吧!

(7)"唇亡齿寒"者,其虞虢之谓也!(《左传·僖公五年》)——"嘴唇没了牙齿就要受到寒冷",这就是说虞国和虢国之间的这种关系吧!

为了再检验一下你对古代汉语中这一句法的掌握程度,你不妨快速阅读下面古代汉语中的例句,并试着用现代汉语说说。

(1)"我之怀矣,自诒伊戚。"其我之谓矣!(《左传·宣公二年》)

(2)诗曰:"不解于位,民之攸墍。"其是之谓矣!(《左传·成公二年》)

(3)所谓"臣义而行,不待命"者,其此之谓也。(《左传·定公四年》)

(4)诗云:"惟彼二国,其政不获。惟此四国,爰究爰度。"其秦穆之谓矣!(《左传·文公四年》)

(5)诗所谓"人之无良"者,其羊斟之谓乎!(《左传·宣公二年》)

(6)孔子曰:"诗云:'民之多辟,无自立辟。'其泄冶之谓乎!"(《左传·宣公九年》)

(7)商书曰:"无偏无党,王道荡荡。"其祁奚之谓矣!(《左传·襄

公三年》）

（8）君子曰："彼己之子，邦之司直。"乐喜之谓乎！（乐喜：即子罕）
（《左传·襄公二十七年》）

下面我们再将上面强调句的现代汉语说法提供给你，你可以对照
一下：

（1）"我怀念我的国家，却给了自己那种忧愁。"这大概就是说我啊！
（2）《诗经》说："在位的人不懈怠，百姓就能得到休息。"这就是说
这种情况了！
（3）常言所说，"做人臣的见到合理的事，应立即去做，不必等待君
命"，那就是说现在这种情况了。
（4）《诗经》说："他们两个国家，政事不得人心。四方的国家，于是
探讨谋划。"这就是说秦穆公了！
（5）《诗经》说的"丧尽天良的人"，就是说羊斟这类人啊！
（6）孔子说："《诗经》说：'百姓多行邪恶，就不要去自立法度。'这
就是说泄治吧！"
（7）《商书》说："无偏无私，遵王之义。"这就是说祁奚这种人啊！
（8）君子说："那位人士，是国家主持正义的人。"这就是说子罕吧！

**4. 在强调尧作为一名君子的伟大时，现代汉语说：尧作为君子是多
么的伟大啊！古代汉语说：大哉，尧之为君！**

先读为快：尧作为君子是多么的伟大啊！／大哉，尧之为君！　尧作
为君子是多么的伟大啊！／大哉，尧之为君！　　尧作为君子是多么的伟
大啊！／大哉，尧之为君！……

这两种句法的不同点就在于：前者（现代汉语）陈述部分"多么的伟
大"在陈述对象"尧作为君子"的后边，而且在这两部分之间有一"是"字
连接；后者（古代汉语）陈述部分"大"在陈述对象"尧之为君"的前面，

而且这两部分之间没有连接词。

在"尧作为君子是多么的伟大啊/大哉,尧之为君"的句法中,与陈述对象"尧作为君子/尧之为君"相当的名词或短语,如"你的不聪明/汝之不惠"、"我的情怀/予怀"、"房子/室"等,都可能出现在"尧作为君子/尧之为君"这个短语的位置上;与陈述部分"多么的伟大啊/大哉"相当的形容词、动词或短语,如"太过/甚"、"悠远茫茫/渺渺"、"你过来/来"、"多么漂亮/美"等,都可能出现在"多么伟大啊/大哉"这个形容词或短语的位置上。

还需说明的是,在"尧作为君子是多么的伟大啊!/大哉,尧之为君!"的句法中,不仅限于感叹的语气,还可以有疑问的语气,如"哭的人是谁呀?/谁与,哭者?"以及祈使的语气,如:"尸虫,你过来!/来,尸虫!"在祈使语气中,其陈述对象与陈述部分之间均无连接词。

为了加深对这两种不同句法的印象,你不妨再仔细阅读如下的例子(前为现代汉语,后为古代汉语):

(1)尧作为君子是多么的伟大啊!——大哉,尧之为君!(《孟子·许行》)

(2)你的不聪明是多么的过分啊!(即:你也太不聪明啦!)——甚矣,汝之不惠!(《列子·愚公移山》)

(3)我的情怀是多么的悠远茫茫啊!——渺渺兮予怀!(苏轼《赤壁赋》)

(4)尸虫,你过来!——来,尸虫!(柳宗元《骂尸虫文》)

如上的讲解,你如果懂了,就不妨再从古代汉语的句法中回到现代汉语的句法中(前为古代汉语,后为现代汉语):

(1)美哉,室!(《左传·昭公二十六年》)——这房子是多么漂亮啊!

（2）仁，夫公子重耳！（《礼记·檀弓下》）——晋国公子重耳是多么仁德啊！

（3）惜乎，子不遇时！（《史记·李将军列传》）——你生不逢时，是多么可惜啊！

（4）谁与，哭者？（《礼记·檀弓上》）——哭的人是谁呀？

为了再检验一下你对古代汉语中这一句法的掌握程度，你不妨快速阅读下面古代汉语中的例句，并试着用现代汉语说说。

（1）展矣，君子！（《诗经·邶风·雄雉》）
（2）久矣，夷狄之为患也！（《史记·匈奴传》）
（3）勖（xù）哉，夫子！（勖：努力）（《史记·周本纪》）
（4）管子曰："子耶，言伐莒者？"（《吕览·重言》）
（5）君哉，舜也！（《孟子·许行》）

下面我们再将上面强调句的现代汉语说法提供给你，你可以对照一下：

（1）君子是多么诚实呀！
（2）夷狄为害是多么久了啊！
（3）夫子是多么努力啊！
（4）管子说："主张攻打莒的人是你吗？"
（5）舜是位君子啊！

第九章

偏正句辨别

什么是偏正句？一个句子具有中心语和修饰语,这个句子就叫偏正句。

1.当中心语是名词(如"宇宙"),修饰语是形容词(如"浩大")时,现代汉语说:浩大<u>的</u>宇宙;古代汉语说:宇宙<u>之</u>大。

先读为快:浩大<u>的</u>宇宙/宇宙<u>之</u>大;浩大<u>的</u>宇宙/宇宙<u>之</u>大;浩大<u>的</u>宇宙/宇宙<u>之</u>大……

那么,你知道以上两种句法的不同吗?

其不同点就在于:前者(现代汉语)修饰语"浩大"在中心语"宇宙"的前面,而且修饰语"大"与中心语"宇宙"中间有一助词"的"以示偏正;后者(古代汉语)修饰语"大"在中心语"宇宙"的后面,而且中心语"宇宙"与修饰语"大"中间有一助词"之"以示正偏。

需要说明的是,在"浩大<u>的</u>宇宙/宇宙<u>之</u>大"的句法中,与"浩大/大"相当的形容词或短语修饰语,如"众多/盛"、"茫茫/惘然"、"声望崇高/雅望"、"高耸/岌岌"、"耀眼/陆离"、"锐利/利"、"强壮/强"、"高高/崔嵬"等,都可能出现在"浩大/大"这个形容词的位置上;与"宇宙/宇宙"相当的名词或短语修饰语,如"物类/品类"、"都督阎公/都督阎公"、"帽子/冠"、"佩带/佩"、"爪子和牙齿/爪牙"、"筋骨/筋骨"、"朝廷/庙堂"、"江湖/江湖"等,都可能出现在"宇宙/宇宙"这个名词的位置上。

108

为了加深对这两种不同句法的印象,你不妨再仔细阅读如下的例子(前为现代汉语,后为古代汉语):

(1)仰首可以观览浩大的宇宙,俯身可以考察众多的物类。——仰观宇宙之大,俯察品类之盛。(王羲之《兰亭集序》)

(2)我们任凭苇叶般的小船在茫茫的万顷江面上自由飘动,越过浩荡渺远的江面。——纵一苇之所如,凌万顷之惘然。(万顷:指江面)(李商隐《雨巷》)

(3)声望崇高的都督阎公,在持戟的仪仗队护卫下远道而来。——都督阎公之雅望,棨(qǐ)戟(jǐ)遥临。(王勃《滕王阁序》)

李商隐雕像

如上的讲解,你如果懂了,就不妨再从古代汉语的句法中回到现代汉语的句法中(前为古代汉语,后为现代汉语):

(1)高余冠之岌岌兮,长余佩之陆离。(屈原《离骚》)——把我高耸的帽子变得更高,使我耀眼的佩带变得更长。

(2)蚓无爪牙之利,筋骨之强。(《荀子·劝学》)——蚯蚓没有锐利的爪子和牙齿,强健的筋骨。

(3)居庙堂之高则忧其民,处江湖之远则忧其君。(范仲淹《岳阳楼记》)——在高高的朝廷里做高官就担忧他的百姓;处在僻远的江湖间就担忧他的君王。

为了再检验一下你对古代汉语中这一句法的掌握程度,你不妨再快速阅读如下古汉语中的例子,并试着用现代汉语说说。

（1）带长铗之陆离兮，冠切云之崔嵬。（《楚辞·九章·涉江》）

（2）驾八龙之婉婉兮，载云旗之委蛇。（屈原《离骚》）

（3）秦孝公据殽函之固，拥雍州之地。（《史记·秦始皇本纪》）

（4）城民不以封疆之界，固国不以山溪之险，威天下不以兵戈之利。

（《孟子·公孙丑下》）

下面我们再将上面偏正句的现代汉语说法提供给你，你可以对照一下：

（1）腰间挂着耀眼的长宝剑啊，头上戴着高高的切云帽。

（2）驾驶着八条蜿蜒的神龙牵曳的车，（车上）飘动着五彩的云旗。

（3）秦孝公据守坚固的殽山和函谷关这样的地方，拥有雍州这样的地域。

（4）限制百姓不能靠界线分明的边疆，巩固国防不能靠险要的山河，威慑天下不能靠强大的武力。

2. 当中心语是名词（如"字"），修饰语是数词或数量词（如"三十四个"）时，现代汉语说：三十四个字；古代汉语说：字三十有四。

先读为快：三十四个字／字三十有四；三十四个字／字三十有四；三十四个字／字三十有四……

这两种句法的不同点就在于：前者（现代汉语）修饰语"三十四个"在中心语"字"的前面，而且有时修饰语与中心语中间有一助词"的"以示偏正，如"数万的奴隶"；后者（古代汉语）修饰语"三十有四"在中心语"字"的后面，修饰语与中心语中间无助词以示偏正。

在"三十四个字／字三十有四"的句法中，与"三十四个／三十有四"相当的数词或数量词修饰语，如"五个／五"、"数万／数万"、"一对、一双／一双"、"一千斤／千斤"、"一万户人口／万户"、"一只／一"、"几十座／数十所"、"六七百辆／六七百乘"等，都可能出现在"三十四个／三十有四"

这个数词或数量词的位置上;与"字/字"相当的名词或短语修饰语,如"人/人"、"奴隶/众"、"玉璧、玉斗/白璧、玉斗"、"金/金"、"封地/邑"、"用桃核雕刻成的小船/核舟"、"宫殿/宫殿"、"战车/车"等,都可能出现在"字/字"这个名词的位置上。

为了加深对这两种不同句法的印象,你不妨再仔细阅读如下的例子(前为现代汉语,后为古代汉语):

(1)对联、题名以及篆字印章,共刻有三十四个字。——对联、题名并篆文,为字三十有四。(魏学洢《核舟记》)

(2)总计这只船上,刻有五个人,八扇窗,箬竹船篷、船桨、茶炉、水壶、手卷、念珠各一件。——通计一舟,为人五,为窗八,为箬篷,为楫,为炉,为壶,为手卷,为念珠各一。(魏学洢《核舟记》)

(2)拥有数万的奴隶,马和其他牲畜满山遍野。——拥众数万,万畜弥山。(班固《苏武传》)

(4)我带了一对玉璧,想献给项王;一双玉斗,想送给亚父。——我持白璧一双,欲献项王,玉斗一双,欲与亚父。(司马迁《鸿门宴》)

(5)现在秦王下令用一千斤金和一万户人口的封地来购买将军的头。——夫今樊将军,秦王购之金千斤,邑万家。(《战国策·荆轲刺秦王》)

如上的讲解,你如果懂了,就不妨再从古代汉语的句法中回到现代汉语的句法中(前为古代汉语,后为现代汉语):

(1)尝贻余核舟一。(魏学洢《核舟记》)——他曾经赠送我一只用桃核雕刻成的小船。

(2)艨艟数百,分列两岸。(周密《观潮》)——数百艘巨大的战舰分别排列于江的两岸。

(3)见宫殿数十所,碧瓦飞甍。(蒲松龄《山市》)——看见几十座

宫殿,瓦是碧绿的,屋檐高高翘起。

（4）安得广厦千万间。（杜甫《茅屋为秋风所破歌》）——怎么才能够得到千万间宽敞明亮的屋子。

（5）谨使臣良奉白璧一双,再拜献大王足下,玉斗一双,再拜奉大将军足下。（司马迁《鸿门宴》）——让我奉上一双白璧,再拜献给大王;一双玉斗,再拜献给大将军。

（6）比至陈,车六七百乘,骑千余,卒数万人。（司马迁《陈涉世家》）——等到达陈县,起义军已有六七百辆战车,一千多骑兵,几万人步兵。

张良画像

为了再检验一下你对古代汉语中这一句法的掌握程度,你不妨再快速阅读如下古汉语中的例子,并试着用现代汉语说说。

（1）又用篆章一。（魏学洢《核舟记》）

（2）潭中鱼可许百头,皆若空游无所依。（柳宗元《小石潭记》）

（3）浊酒一杯家万里。（范仲淹《渔家傲》）

（4）高祖以吏繇咸阳,吏皆送奉钱三,何独以五。（《史记·萧相国世家》）

（5）齐为卫故,伐晋冠氏,丧车五百。（《左传·哀公十五年》）

（6）吏二缚一人诣王。（《晏子春秋·内杂篇下》）

（7）皆赐玉五瑴,马三匹,非礼也。（《左传·庄公十八年》）

（8）（庄公）命子封帅车二百乘以伐京。（《左传·隐公元年》）

下面我们再将上面偏正句的现代汉语说法提供给你,你可以对照一下:

（1）又用上一颗篆字印章。

（2）潭中大约一百来条鱼，都好像在空中游动，没有任何依靠。

（3）喝着一杯酒，想象着千里之外的家乡。

（4）高祖以吏员的身份去咸阳服徭役，(临行时)县吏们都奉送三个大钱，只有萧何送了五个大钱。

（5）齐国为了卫国的缘故，攻打晋国的冠氏，丧失了五百辆战车。

（6）两个官吏绑着一个人来到大王面前。

（7）都赐给他们五对白玉，三匹马，这是于礼不合的。

（8）命令子封率领二百辆战车来攻打京城。

3. 当中心语是名词（如"客人"），修饰语是指这个名词所具有的某个动作或某种性质（如"有吹洞箫的"）时，现代汉语说：有吹洞箫的客人；古代汉语说：客有吹洞箫者。

先读为快：有吹洞箫的客人/客有吹洞箫者；有吹洞箫的客人/客有吹洞箫者；有吹洞箫的客人/客有吹洞箫者……

这两种句法的不同点就在于：前者（现代汉语）修饰语"有吹洞箫的"处在中心语"客人"的前面；后者（古代汉语）修饰语"有吹洞箫者"处在中心语"客"的后面。

需要说明的是，修饰语"有吹洞箫的"，实际上是由动词性短语"吹洞箫"与助词"的"构成的"的"字短语，其前再加动词"有"；"有吹洞箫者"，实际上是由动词性短语"吹洞箫"与助词"者"构成的"者"字短语，其前再加动词"有"。（也有语法书说它们实质上相当于一个名词性短语）

在"有吹洞箫的客人/客有吹洞箫者"的句法中，与中心语"客人/客"相当的名词或短语，如"人/人"、"宾客/宾客"、"两膝/两膝"、"匈奴使者/匈奴使"、"男子/丁"、"子孙/子孙"、"群臣/大臣"、"商人/商贾"等，都可能出现在"客人/客"这个名词的位置上；与修饰语"有吹洞箫/有吹洞箫"相当的动词、形容词或短语，如"可以派遣去回复秦国/可使报秦"、"知道这件事/知其事"、"有一个精通术数/有善术"、"紧靠/相比"、"扣留在汉/留在汉"、"壮年/壮"、"挑担/荷担"、"大、小/大、小"等,都可能出现在"有吹洞箫/有吹洞箫"这个动词性短语的位置上。

为了加深对这两种不同句法的印象,你不妨再仔细阅读如下的例子(前为现代汉语,后为古代汉语):

(1)有吹洞箫的客人,按照歌声吹着箫。——客有吹洞箫者,倚歌而和之。(苏轼《赤壁赋》)

(2)想找个可以派遣去回复秦国的人。——求人可使报秦者。(司马迁《廉颇蔺相如列传》)

(3)太子和知道这件事的宾客,都穿着白衣戴着白冠来给荆轲送行。——太子及宾客知其事者,皆白衣冠以送之。(《战国策·荆轲刺秦王》)

(4)靠近长城一带有一个精通术数的人,他们家的马无缘无故跑到了胡人的驻地。——近塞上之人有善术者,马无故亡而入胡。(《淮南子·塞翁失马》)

(5)他们紧靠着的两膝,各隐现在手卷底下的衣服皱褶中。——其两膝相比者,各隐卷底衣褶中。(魏学洢《核舟记》)

如上的讲解,你如果懂了,就不妨再从古代汉语的句法中回到现代汉语的句法中(前为古代汉语,后为现代汉语):

(1)武帝嘉其义,乃遣武以中郎将使持节送匈奴使留在汉者,因厚赂单于,答其善意。(班固《苏武传》)——汉武帝赞许他这种合义的做法,于是派遣苏武以中郎将的身份出使,持旄节护送扣留在汉的匈奴使者回国,趁便送给单于很丰厚的礼物,以答谢他的好意。

苏武像

（2）胡人大入塞，丁壮者引弦而战。（《淮南子·塞翁失马》）——壮年的男子都拿起弓箭去打仗。

（3）遂率子孙荷担者三夫。（《列子·愚公移山》）——于是率领挑担的子孙三人。

（4）而秦法，群臣侍殿上者，不得持尺兵。《战国策·荆轲刺秦王》）——秦朝法律规定，在殿上（面圣）的大臣不能带近乎一尺一寸的兵器。

（5）群臣吏民能面刺寡人之过者，受上赏。（《战国策·邹忌讽齐王纳谏》）——能够当面指责我的过错的大小官吏百姓，给予上等的奖赏。

为了检验一下你对古代汉语中这一句法的掌握程度，你不妨再快速阅读如下古汉语中的例子，并试着用现代汉语说说。

（1）商贾大者积贮倍息，小者坐列贩卖。（《汉书·食货志》）

（2）婴乃言袁盎、栾布诸名将贤士在家者进之。（《史记·魏其武安侯列传》）

（3）有一言而可以终身行之者乎？（《论语·卫灵公》）

（4）此四者，天下之穷民而无告者。（《孟子·梁惠王下》）

（5）人马烧溺死者甚众。（《资治通鉴·汉纪·建安十三年》）

下面我们再将上面偏正句的现代汉语说法提供给你，你可以对照一下：

（1）大的商人囤积物资，小的商人坐在陈列货物的店铺中贩卖货物。

（2）窦婴便推荐了赋闲在家的袁盎、栾布等名将与贤士。

（3）有一个可以终身奉行的字吗？

（4）这四种人是世界上无依靠的穷苦人。

（5）烧死溺死的人马很多。

第十章

对象句辨析

什么是对象句？一个句子说某个动作行为是针对某人或某事发生的,这个句子就叫对象句。

1. 在叙述某个动作行为(如"说话")是针对某个人(如"郑伯")发生时,现代汉语说:对郑伯说;古代汉语说:言于郑伯。

先读为快:对郑伯说/言于郑伯;对郑伯说/言于郑伯;对郑伯说/言于郑伯……

那么,你知道以上两种句法的不同吗？请停下来想一想。

其不同点就在于:前者(现代汉语)对象词"郑伯"在动词"说"的前面,而且对象词"郑伯"之前有一介词"对"以指引对象;后者(古代汉语)对象词"郑伯"之前先由一介词"于"以指引对象,然后一起位于动词"言"的后面。

需要说明的是,在"对郑伯说/言于郑伯"的句法中,与"郑伯/郑伯"相当的对象词或短语,如"穆、曹两位大师/穆、曹二善才"、"同县人/邑人"、"陛下/陛下"、"老师/师"、"天帝/帝"、"诸侯/诸侯"、"晋文公/晋"等,都可能出现在"郑伯/郑伯"这个对象词的位置上;与"说/言"相当的动词或动词性短语,如"学习/学"、"拜访/谒"、"报恩/报"、"报告/告"、"做官扬名/闻达"、"无礼/无礼"等,它们都可能出现在"说/言"这个动词的位置上;与"对/于"相当的介词,如"向/于"、"在/于"、"从/于"、

“同/于”、“为、替/于”等,都可能出现在“对/于”这个介词的位置上。

为了加深对这两种不同句法的印象,你不妨再仔细阅读如下的例子(前为现代汉语,后为古代汉语):

(1)佚之孤对郑伯说。——佚之孤言于郑伯。(《左传·烛之武退秦师》)

(2)曾经向穆、曹两位大师学习琵琶。——尝学琵琶于穆曹二善才。(白居易《琵琶行并序》)

(3)每天牵着方仲永四处向同县人拜访。——日扳仲永环谒于邑人。(王安石《伤仲永》)

(4)大概是因为追念先帝对他们的特殊厚待,想要对陛下报恩啊。——盖追先帝之殊遇,欲报之于陛下也。(诸葛亮《出师表》)

白居易像

如上的讲解,你如果懂了,就不妨再从古代汉语的句法中回到现代汉语的句法中(前为古代汉语,后为现代汉语):

(1)今之众人,其下圣人也亦远矣,而耻学于师。(韩愈《师说》)——现在的许多人,他们跟圣人相比相差很远了,却以向老师学为羞耻。

(2)操蛇之神闻之,惧其不已也,告之于帝。(《列子·愚公移山》)——握着蛇的山神听说了这件事,怕他不停地挖下去,向天帝报告了这件事。

(3)苟全性命于乱世,不求闻达于诸侯。(诸葛亮《出师表》)——只希望在乱世里苟且保全性命,并不想在诸侯中做官扬名。

（4）晋侯、秦伯围郑，以其无礼于晋。（《左传·烛之武退秦师》）——晋文公和秦穆公联合围攻郑国，因为郑国曾对晋文公无礼。

（5）以勇气闻于诸侯。（司马迁《廉颇蔺相如列传》）——（廉颇）因为勇猛善战在诸侯中闻名。

为了再检验一下你对古代汉语中这一句法的掌握程度，你不妨再快速阅读如下古代汉语中的例子，并试着用现代汉语说说。

（1）今引未曾有之祸以自誓于子路，子路安肯晓解而信之？（《论衡·问孔》）

（2）赵尝五战于秦，二败而三胜。（苏洵《六国论》）

（3）群臣不尽力于鲁君者，非不能事君也。（《左传·昭公二十六年》）

（4）东方朔割炙于细君。（《汉书·杨雄传》）

下面我们再将上面对象句现代汉语的说法提供给你，你可以对照一下：

（1）现在拿从没有过的祸患向子路发誓，子路怎么能理解并相信呢？

（2）赵国曾经同秦国作战五次，两次失败而三次取胜。

（3）臣下们对国君不肯尽力，不是不能奉行君王的命令。

（4）东方朔为（替）妻子割肉（肴馔中的肉）。

2. 在叙述某个动作行为（如"贪婪"）是针对某个事（如"钱财女色"）发生时，现代汉语说：对钱财女色贪婪；古代汉语说：贪于财色。

先读为快：对钱财女色贪婪／贪于财色；对钱财女色贪婪／贪于财色；对钱财女色贪婪／贪于财色……

这两种句法的不同点就在于：前者（现代汉语）对象词"钱财女色"在动词"贪婪"的前面，而且对象词"钱财女色"之前有一介词"对"以指引对象；后者（古代汉语）对象词"财色"之前先由一介词"于"以指引对象，然后一起位于动词"贪"的后面。

在"对钱财女色贪婪/贪于财色"的句法中，与"钱财女色/财色"相当的对象词或短语，如"遇到的可喜事情/所遇"、"有书的人家/藏书之家"、"天文、气象、岁时节候推算/天文阴阳历算"等，都可能出现在"钱财女色/财色"这个对象词的位置上；与"贪婪/贪"相当的动词或短语，如"感到欣然自足/欣"、"有感慨/有感"、"借/假借"、"有深入研究/致思"、"忧愁、热衷/戚戚、汲汲"、"伸张大义/信大义"等，都可能出现在"贪婪/贪"这个动词的位置上；与"对/于"相当的介词，如"向/于"、"把/以"、"在/于"、"从/于"、"对于/于"等，都可能出现在"对/于"这个介词的位置上。

为了加深对这两种不同句法的印象，你不妨再仔细阅读如下的例子（前为现代汉语，后为古代汉语）：

（1）沛公在山东的时候，对钱财女色贪婪。——沛公居山东时，贪于财色。（司马迁《鸿门宴》）

（2）当他们对遇到的可喜事情感到欣然自足时。——当其欣于所遇。（王羲之《兰亭集序》）

（3）家里穷，没有办法找到书来读，常向有书的人家借。——家贫，无从致书以观，每假借于藏书之家。（宋濂《送东阳马生序》）

（4）先帝知道我办事谨慎，所以临终的时候，把国家大事托付给我。——先帝知臣谨慎，故临崩寄臣以大事也。（诸葛亮《出师表》）

如上的讲解，你如果懂了，就不妨再从古代汉语的句法中回到现代汉语的句法中（前为古代汉语，后为现代汉语）：

（1）衡膳机巧，尤致思于天文阴阳历算。（《后汉书·张衡传》）——张衡擅长机械制造方面的技巧，尤其对天文、气象、岁时节候推算等方面有深入研究。

（2）项伯乃夜驰沛公军，私见张良，具告以事。（司马迁《鸿门宴》）——项伯就连夜骑马跑到刘邦的军营，私下会见张良，把事情全告诉了他。

（3）孤不度德勤，欲信大义于天下。（陈寿《隆中对》）——我没有估量自己的德行，衡量自己的力量，想要在天下伸张大义。

（4）青，取之于蓝，而青于蓝。（《荀子·劝学》）——靛青，是从蓝草中提取它的，却比蓝草的颜色还要青。

为了检验一下你对古代汉语的这一句法的掌握程度，你不妨再快速阅读如下古代汉语中的例子，并试着用现代汉语说说。

（1）后之览者，亦有感于斯文。（王羲之《兰亭集序》）
（2）不戚戚于贫贱，不汲汲于富贵。（诸葛亮《五柳先生传》）
（3）敏于事而慎于言。（《论语·学而》）
（4）夫子固拙于用大矣。（《庄子·逍遥游》）
（5）愿陛下托臣以讨贼复兴之效。（诸葛亮《出师表》）

下面我们再将如上对象句现代汉语的说法提供给你，你可以对照一下：

（1）后来阅读的人，也会对此诗文有同样的感慨吧。
（2）对贫贱无忧愁，对富贵不热衷。
（3）对于做事要敏捷，对于说话要谨慎。
（4）夫子您对于用大的器物本来就笨拙啊。
（5）希望陛下把讨伐曹魏兴复汉室的任务交付给我。

第十一章

依凭句对比

什么是依凭句？一个句子说明依据或凭借什么来进行某个动作行为，这个句子就叫依凭句。

1. 在叙述依据某某（如"道德"）来进行某个动作行为（如"治理政事"）时，现代汉语说：依照道德治理政事；古代汉语说：为政以德。

先读为快：依照道德治理政事／为政以德；依照道德治理政事／为政以德；依照道德治理政事／为政以德……

那么，你知道以上两种句法的不同吗？

其不同点就在于：前者（现代汉语）依据的名词"道德"在动词性短语"治理政事"的前面，而且"道德"之前有一介词"依照"以示依据；后者（古代汉语）依据的名词"德"之前先由一介词"以"以示依据，然后一起位于动词性短语"为政"的后面。

需要说明的是，在"依照道德治理政事／为政以德"的句法中，与"道德／德"相当的名词或短语，如"用香蕙作佩带、用白芷精心编连／蕙纕、揽茝"、"农时／时"、"德行／德"、"政令／政"、"礼貌／貌"、"礼节／礼"、"行为／行"等，都可能出现在"道德"这个名词的位置上；与"治理政事／为政"相当的动词或动词性短语，如"贬黜我／替余"、"役使百姓／使民"、"引导百姓／道之"、"事奉他们／事之"等，都可能出现在"治理政事／为政"这个动词性短语的位置上；与"依照／以"相当的介词，如"因／以"、

"按照/以"、"根据/以"、"依据/以"、"按/以"、"依/以"、"因/于"、"靠/于"、"靠/由"、"由于/由"等,都可能出现在"依照/以"这个介词的位置上。

为了加深对这两种不同句法的印象,你不妨再仔细地阅读如下的例子(前为现代汉语,后为古代汉语):

(1)(周君)依照道德治理政事,就会像北极星那样,自己居于一定的方位,而群星都会环绕在它的周围。——为政以德,譬如北辰居其所而众星共之。(《论语·为政》)

(2)既因用香蕙作佩带贬黜我,又因用白芷精心编连加罪我。——既替余以蕙纕兮,又申之以揽茝。(屈原《离骚》)

(3)治理一个拥有一千辆兵车的国家,要严谨认真地办理国家大事而又恪守信用,节约财政开支而又爱护广大人民,按照农时役使百姓。——道千乘之国,敬事而信,节用而爱人,使民以时。(《论语·学而》)

屈原像

如上的讲解,你如果懂了,就不妨再从古代汉语的句法中回到现代汉语的句法中(前为古代汉语,后为现代汉语):

(1)道之以政,齐之以刑,民免而无耻;道之以德,齐之以礼,有耻且格。(《论语·为政》)——按照政令来引导百姓,用刑罚来管束,百姓会因求免于刑罚而服从,但不知羞耻;依据德行来教化百姓,用礼制来约束,百姓会知道羞耻并且可以走上正善之途。

(2)立适以长不以贤,立子以贵不以长。(《公羊传·隐公元年》)——根据长幼而不根据贤不贤立适子,根据贵贱而不根据长幼立庶子。

（3）生，事之以礼；死，葬之以礼，祭之以礼。（《论语·为政》）——父母在生，依规定的礼节侍奉他们；死了，依规定的礼节埋葬他们，依规定的礼节祭祀他们。

为了再检验一下你对古代汉语中这一句法的掌握程度，你不妨再快速阅读如下古汉语中的例子，并试着用现代汉语说说。

（1）古之君子进人以礼，退人以礼。（《世说新语·方正》）
（2）诲之以忠，耸之以行，教之以务，使之以和，临之以敬，莅之以强，断之以刚。（《左传·昭公六年》）
（3）闲之以义，纠之以政，行之以礼，守之以信，奉之以仁。
（4）业精于勤荒于嬉；行成于思，毁于随。（韩愈《进学解》）
（5）兴废由人事，山川空地形。（刘禹锡《金陵怀古》）
（6）人才有高下，知物由学；学之乃知，不问不识。（《论衡·实知》）

下面我们再将上面依凭句现代汉语的说法提供给你，你可以对照一下：

（1）古时候的君子，按礼法举荐官员，也按礼法贬黜官员。
（2）用忠诚教诲他们，根据行为奖励他们，用专业知识技巧教导他们，用和悦态度使用他们，用严肃认真的方式对待他们，用威严的纪律监督他们，用坚决果断的法律判决他们。
（3）依据道义来规范，根据政令来矫正，按照礼仪来履行，用信用来保持，用仁爱来奉养。
（4）学业靠勤奋达到精湛，因贪玩导致荒废；德行靠思考得以形成，因随大意导致毁掉。
（5）靠人的因素决定国家的兴旺，山川的险要是不足以让人害怕的。

（6）人的才能有高低之分，<u>由于</u><u>学习</u>才知道事物；学习才会知道，不求教请教就不会知道。

2. 在叙述凭借某某（如"木棒和刀"）来进行某个动作行为（如"杀人"）时，现代汉语说：<u>用</u><u>木棒和刀</u>杀人；古代汉语说：杀人<u>以</u><u>梃与刃</u>。

先读为快：<u>用</u><u>木棒和刀</u>杀人／杀人<u>以</u><u>梃与刃</u>；<u>用</u><u>木棒和刀</u>杀人／杀人<u>以</u><u>梃与刃</u>；<u>用</u><u>木棒和刀</u>杀人／杀人<u>以</u><u>梃与刃</u>……

这两种句法的不同点就在于：前者（现代汉语）凭借的名词"木棒和刀"在动词性短语"杀人"的前面，而且"木棒和刀"之前有一介词"用"以示凭借；后者（古代汉语）凭借的名词"梃与刃"之前先由一介词"以"以示凭借，然后一起位于动词性短语"杀人"的后面。

在"<u>用</u><u>木棒和刀</u>杀人／杀人<u>以</u><u>梃与刃</u>"的句法中，与"木棒和刀"相当的名词或短语，如"篆体文字和山、龟、鸟、兽的图案／篆文山龟鸟兽之形"、"军中较多的事务／军中多务"、"文章／文"、"尉的头／尉首"等，都可能出现在"木棒和刀"这个名词的位置上；与"杀人／杀人"相当的动词或动词性短语，如"反复地教导老百姓／申之"、"装饰／饰"、"检验仪器／验之"、"作推辞／辞"、"记述／述"、"祭告天地／祭"等，都可能出现在"杀人／杀人"这个动词性短语的位置上；与"用／以"相当的介词，如"凭借／以"、"靠／以"等，都可能出现在"用／以"这个介词的位置上。

为了加深对这两种不同句法的印象，你不妨再仔细阅读如下的例子（前为现代汉语，后为古代汉语）：

（1）<u>用</u><u>木棒和刀</u>杀人，有什么不同吗？——杀人<u>以</u><u>梃与刃</u>，有以异乎？（《孟子·梁惠王上》）

（2）认真地办好学校，<u>用</u><u>孝顺父母、尊敬兄长的大道理</u>反复地教导老百姓，那么，须发花白的老人也就不会自己背负或顶着重物在路上行走了。——谨庠序之教，<u>申之</u><u>以</u><u>孝悌之义</u>，颁白者不负戴于道路矣。（孟子《寡人之于国》）

（3）（地动仪）外面用篆体文字和山、龟、鸟、兽的图案装饰。——饰以篆文山龟鸟兽之形。（《后汉书·张衡传》）

（4）用实际发生的地震来检验仪器，彼此完全相符，真是灵验如神。——验之以事，合契若神。（《后汉书·张衡传》）

（5）吕蒙用军中较多的事务作推辞。——蒙辞以军中多务。（《资治通鉴·孙权劝学》）

如上的讲解，你如果懂了，就不妨再从古代汉语的句法中回到现代汉语的句法中（前为古代汉语，后为现代汉语）：

（1）醉能同其乐，醒能述以文者，太守也。（欧阳修《醉翁亭记》）——醉了能够同大家一起欢乐，醒来能够用文章记述这乐事的人，是太守。

（2）为坛而盟，祭以慰首。（司马迁《陈涉世家》）——他们筑起高台，在台上结盟宣誓，用尉的头祭告天地。

（3）咨臣以当世之事。（诸葛亮《出师表》）——用当代的大事来咨询我。

（4）道之以政，齐之以刑，民免而无耻；道之以德，齐之以礼，有耻且格。（《论语·为政》）——按照政令来教导，用刑罚来管束，百姓会因求免于刑罚而服从，但不知羞耻；依据德行来教化，用礼制来约束，百姓会知道羞耻并且可以走上正善之途。

（5）昔者大王居邠，狄人侵之。事之以皮币，不得免焉；事之以犬马，不得免焉；事之以珠玉，不得免焉。（《孟子·梁惠王下》）——当初，周族的太王生活在邠地，狄地的人常来侵扰。用裘皮和布帛侍奉它，无法免于侵扰；用犬马侍奉它，也无法免于侵扰；用珠宝玉器侍奉它，仍然无法免于侵扰。

为了检验一下你对古代汉语中的这一句法掌握的程度，你不妨再快

速阅读如下古汉语中的例子,并试着用现代汉语说说。

(1)百工为方以矩,为圆以规,直以绳,正以县。(《墨子·法仪》)

(2)闲之以义,纠之以政,行之以礼,守之以信,奉之以仁。(《左传·昭公六年》)

(3)诲之以忠,耸之以行,教之以务,使之以和,临之以敬,莅之以强,断之以刚。(《左传·昭公六年》)

(4)吾令凤鸟飞腾兮,继之以日夜。(屈原《离骚》)

(5)见冕者与瞽者,虽亵必以貌。(《论语·乡党》)

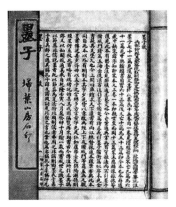

《墨子》书影

126

下面我们将上面依凭句的现代汉语说法提供给你,你可以对照一下:

(1)工匠们用矩尺做方形,用圆规做圆形,用墨绳画直线,用悬锤做垂直。

(2)依据道义来规范,根据政令来矫正,按照礼仪来履行,用信用来保持,用仁爱来奉养。

(3)用忠诚教诲他们,根据行为奖励他们,用专业知识技巧教导他们,用和悦态度使用他们,用严肃认真的方式对待他们,用威严的纪律监督他们,用坚决果断的法律判决他们。

(4)我让凤鸟高飞远逝啊,用黑夜接着白天,用白天接着黑夜地飞个不停。

(5)见到戴礼帽的人和盲人,即使是很熟悉的,也一定用礼貌对待他们。

第十二章

动代句对照

什么是动代句？一个句子中的动词所涉及的对象是由一个代词或代词短语来表示的,这个句子就叫动代句。如句中含有"有这回事"、"知我"、"知吾"、"知彼"、"知之"、"相许"、"相忘"、"见杀"、"自恕"等词语的,都属于动代句。

一、动代句的否定现代汉语怎么说？
古代汉语又怎么说？

动代句的否定,就是在这类动代句的前面加上否定词,如"没"、"没有"、"不"、"无"、"未"、"毋"、"弗"、"勿"、"莫"等。

1. 在叙述没有发生什么事情时,现代汉语说:没有这回事;古代汉语说:未之有。

先读为快:没有这回事/未之有;没有这回事/未之有;没有这回事/未之有……

那么,你知道以上两种句法的不同吗？

其不同点就在于:前者(现代汉语)代词短语"这回事"在动词"有"的后边,后者(古代汉语)代词"之"在动词"有"的前面。

需要说明的是,在"没有这回事/未之有"的句法中,与"这回事/之"

相当的代词或代词短语,如"这种东西/之"、"这种人/之"、"那回事/之"、"那种人/之"、"这种现象/之"、"那种现象/之"等,都可能出现在"这回事/之"这个代词或代词短语的位置上;与"没/未"相当的否定词,如"没/无"等,都可能出现在"没/未"这个否定词的位置上。

为了加深对这两种不同句法的印象,你不妨再仔细阅读如下的例子(前为现代汉语,后为古代汉语):

(1)让七十岁的人能够穿上丝织品、吃上肉食,百姓没有挨饿受冻,像这样却还不能统一天下而称王的,还没有这回事。——七十者衣帛食肉,黎民不饥不寒,然而不王者,未之有也。(《孟子·寡人之于国》)

(2)从古籍所记载的文字看,还没有这种东西(地动仪)。——自书典所记,未之有也。(《后汉书·张衡传》)

(3)有子说:"其为人孝顺父母,顺从兄长,但又喜好触犯上层统治者的人,很少;不喜好触犯上层统治者而喜好造反的人,还没有这种人。"——有子曰:"其为人也孝弟,而好犯上者,鲜矣;不好犯上,而好作乱者,未之有也。"(《论语·学而》)

(4)不能用对关键的一人,而说是能合理使用百人千人,还没有这样的事情。——不能当一人,而能当千百人者,无之有也。(《荀子·富国》)

(5)牢守秘密而成功,泄露秘密而失败,英明的君主没有这种事。袒露真情而成功,隐瞒真相而失败,昏暗的君主没有这种事。——周而成,泄而败,明君无之有也。宣而成,隐而败,暗君无之有也。(《荀子·解蔽》)

如上的讲解,你如果懂了,就不妨再从古代汉语的句法中回到现代汉语的句法中(前为古代汉语,后为现代汉语):

(1)子曰:"文,莫吾犹人也。(莫:大约)躬行君子,则吾未之有得。"(《论语·述而》)——孔子说:"就书本知识来说,大约我和别人差不多。做一个身体力行的君子,那我还没有做到这样。"

(2)无敌于天下者,天吏也。然而不王者,未之有也。(《孟子·公孙丑上》)——天下无敌的可叫做"天吏"。做到了这个程度还不能够使天下归服的,还从来没有那种事。

(3)天下不心服而王者,未之有也。(《孟子·离娄下》)——天下的人不心服而想统一天下,没有这种事。

(4)不仁而得国者有之矣。不仁而得天下,未之有也。(《孟子·尽心下》)——不施行仁德却能得到一个国家的,有这样的事。不施行仁德,却能得到天下,没有这样的事。

(5)知道之莫之若也,而不从道者,无之有也。(《荀子·正名》)——知道没有什么比得上正道的,却又不依从正道的,是没有这种人的。

为了再检验一下你对古代汉语中这一句法的掌握程度,你不妨快速阅读下面古代汉语中的例句,并试着用现代汉语说说。

(1)乐民之乐者,民亦乐其乐;忧民之忧者,民亦忧其忧。乐以天下,忧以天下,然而不王者,未之有也。(《孟子·梁惠王章句下》)

(2)至诚而不动者,未之有也;不诚,未有能动者也。(《孟子·离娄上》)

(3)有尝试深观其隐而难者:志轻理而不重物者,无之有也;外重物而不内忧者,无之有也;行离理而不外危者,无之有也;外危而不内恐者,无之有也。(《荀子·正名》)

下面我们再将上面动代句的现代汉语说法提供给你,你可以对照一下:

（1）喜欢人民所喜欢的，人民也会喜欢他的快乐；担忧人民所担忧的，人民也会担忧他的忧愁。把天下人的快乐当作自己的快乐，把天下人的忧愁当做自己的忧愁，做到这样却不称王，从来没有那种事。

（2）有了诚信别人而不为你所动，没有这种现象；没有诚信，你就不要想打动别人。

（3）又曾经试着深入观察一个隐蔽而难以觉察的道理：内心轻视道而不重视物质欲望的人，那是没有这种人；重视物质欲望而内心不忧虑的人，那是没有这种人；行为背离大道而不遭遇危险的人，那是没有这种人；遭遇危险而内心不恐惧的人，那是没有这种人。

2. 在叙述不做什么时，现代汉语说：不做什么；古代汉语说：弗之为。

先读为快：不做什么/弗之为；不做什么/弗之为；不做什么/弗之为……

这两种句法的不同点就在于：前者（现代汉语）代词"什么"在动词"做"的后边，后者（古代汉语）代词"之"在动词"为"的前面。

在"不做什么/弗之为"的句法中，与"做/为"功能相当的动词，如"怠慢/怠"、"知道、了解/知"、"等/与"、"采用/以"、"欺骗/欺"、"如/若"、"欺骗/诈、虞"、"违背/违"等，都可能出现在"做/为"这个动词的位置上；与"什么/之"功能相当的代词，如"它/之"、"我/吾"、"我/余"、"你/尔"、"他们/之"等，都可能出现在"什么/之"这个代词的位置上；与"不/弗"功能相当的否定词，如"不/未"、"不/无"等，都可能出现在"不/弗"这个否定词的位置上。

为了加深对这两种不同句法的印象，你不妨再仔细阅读如下的例子（前为现代汉语，后为古代汉语）：

（1）天气很冷，砚池里的水结成很硬的冰，手指（冻得）不能弯曲和伸直，也不怠慢它。——天大寒，砚冰坚，手指不可屈伸，弗之怠。（宋濂《送东阳马生序》节选）

（2）我这才知道：郊野田原之间，未尝没有春天的消息，只是住在城里的人<u>不</u>知道<u>它</u>。——始<u>知</u>郊田之外，未始无春，而城居者<u>未之知</u>也。（袁宏道《满井游记》）

（3）光阴似箭，我唯恐抓不住这飞逝的时光，担心岁月<u>不等我</u>。——汩余若将不及兮，恐年岁之<u>不吾与</u>。（与：等待）（屈原《离骚》）

（4）孔子说："因为我比你们年纪大一点，你们就<u>不</u>采用<u>我</u>（的意见）了。"——子曰："以吾一日长乎尔，<u>毋吾以</u>也。"（毋吾以：以，用，采用）（《论语·子路曾皙冉有公西华侍坐》）

袁宏道像

如上的讲解，你如果懂了，就不妨再从古代汉语的句法中回到现代汉语的句法中（前为古代汉语，后为现代汉语）：

（1）子曰："居则曰：'<u>不吾知</u>也！'如或知尔，则何以哉？"（《论语·子路曾皙冉有公西华侍坐》）——孔子说："（你们）平时（总在）说：'<u>没有人</u>了解<u>我</u>呀！'如果有人了解你们，那么（你们）打算做些什么事情呢？"

（2）古之人<u>不余欺</u>也！（苏轼《石钟山记》）——古人（称这山为"石钟山"）<u>没有欺骗我</u>啊！

（3）故<u>不我</u>若也。（柳宗元《愚溪诗序》）——所以（他们都）不如<u>我</u>。

（4）我无<u>尔诈</u>，尔无<u>我虞</u>。（《左传·宣公十五年》）——我不欺骗你，你不欺骗我。

为了再检验一下你对古代汉语中这一句法的掌握程度,你不妨快速阅读下面古代汉语中的例句,并试着用现代汉语说说。

(1)子曰:"未之思也,何远之有?"(《论语·子罕》)

(2)子路有闻,未之能行,唯恐有闻。(《论语·里仁》)

(3)孔子对曰:"俎豆之事,则尝闻之矣;军旅之事,未之学也。"(《论语·卫灵公》)

(4)子不我思,岂无他人?(《诗经·郑风·褰裳》)

(5)子曰:"其事也!如有政,虽不吾以,吾其与闻之!"(《论语·子路》)

(6)然民虽有圣知,弗敢我谋;勇力弗敢我杀。(《商君书·画策》)

下面我们再将上面动代句的现代汉语说法提供给你,你可以对照一下:

(1)孔子说:"只是没有想念它吧!真想念就近在心中,还有什么远的呢?"

(2)子路听到一条道理,还没有能亲自实行它,唯恐又听到新的道理。

(3)孔子回答说:"祭祀礼仪之类的事,我听说过它;用兵打仗的事,我没有学过它。"

(4)你不思念我,难道还没有别人吗?

(5)孔子说:"是(季氏私家)一般的事务吧!如果有(国家)政务,虽然(国君)不任用我了,我也会有所闻的。"

(6)可是民众即使有不寻常的智慧,也不敢谋求我君主的地位;有勇敢和力量,也不敢弑杀我君主。

3. 在叙述没有什么能够做到那样时,现代汉语说:没有什么能够做到那样;古代汉语说:莫之能为。

先读为快:没有什么能够做到那样/莫之能为;没有什么能够做到那样/莫之能为;没有什么能够做到那样/莫之能为……

这两种句法的不同点就在于:前者(现代汉语)代词"那样"在动词"做到"的后边,后者(古代汉语)代词"之"在动词短语"能为"的前面。

在"没有什么能够做到那样/莫之能为"的句法中,与"能够做到/能为"功能相当的动词或短语,如"能够阻挡/夭阙"、"能够抵御/能御"、"有像/若"、"敢欺侮/敢侮"、"承认/许"等,都可能出现在"能够做到/能为"这个动词的位置上;与"那样/之"功能相当的代词,如"它/之"、"他、他们/之"、"我/我"、"我、我们/余"、"这个/之"等,都可能出现在"这样/之"这个代词的位置上;与"没有什么/莫"功能相当的否定代词,如"没有谁/莫"、"没有人/莫"等,都可能出现在"没有什么/莫"这个否定代词的位置上。

为了加深对这两种不同句法的印象,你不妨再仔细阅读如下的例子(前为现代汉语,后为古代汉语):

(1)背负青天而没有什么(力量)能够阻遏它了,然后才像现在这样飞到南方去。——背负青天,而莫之夭阙者,而后乃今将图南。(《庄子·逍遥游》)

(2)爱护百姓,行王道统一天下,没有谁能够抵御他。——保民而王,莫之能御也。(孟子《齐桓晋文之事》)

(3)如今我在政治清明时却做出与事理相悖的事情,所以愚蠢的人当中再没有谁有像我(这样)了。——今予遭有道而违于理,悖于事,故凡为愚者,莫我若也。(柳宗元《愚溪诗序》)

(4)沿着墙而快步走,也没有谁敢欺侮我。——循墙而走,亦莫余敢侮。(《左传·昭公七年》)

如上的讲解,你如果懂了,就不妨再从古代汉语的句法中回到现代汉语的句法中(前为古代汉语,后为现代汉语):

(1)身长八尺,每自比于管仲、乐毅,时人莫之许也。(陈寿《隆中对》)——他身高八尺,常常把自己与管仲、乐毅相比,当时的人没有谁承认这个(看法)。

(2)以愚辞歌愚溪,则茫然而不违,昏然而同归,超鸿蒙,混希夷,寂寥而莫我知也。(柳宗元《愚溪诗序》)——我用愚笨的言辞歌唱愚溪,觉得茫茫然没什么悖于事理的,昏昏然似乎都是一样的归宿,超越天地尘世,融入玄虚静寂之中,而寂寞清静之中没有谁能了解我。

(3)吾有老父,身死莫之养也。(《韩非子·五蠹》)——我家中有年老的父亲,我死后就没人养活他了。

(4)莫余毒也已!(《左传·僖公二十八年》)——没有人危害我们了!

为了再检验一下你对古代汉语中这一句法的掌握程度,你不妨快速阅读下面属于古代汉语中的例句,并试着用现代汉语说说。

(1)微管仲,吾其被左衽矣!岂若匹夫匹妇之为谅也,自经于沟渎,而莫之知也!(《论语·宪问》)

(2)如其善而莫之违也,不亦善乎?如不善而莫之违也,不几乎一言而丧邦乎?(《论语·子路》)

(3)礼至为铭曰:"余掖杀国子,莫余敢止。"(《左传·僖公二十五年》)

(4)二三子莫之如也。(《左传·昭公十五年》)

下面我们再将上面动代句的现代汉语说法提供给你,你可以对照一下:

（1）如果没有管仲，恐怕我们也要披散着头发，衣襟向左开了！哪能像普通百姓那样恪守小节，自杀在小山沟里，而没有谁知道他们呢！

（2）国君说的话，如果是善，也就是有道理，就没有人敢违背它，那当然很好；如果不善，而没有谁敢违背它，那样，虽然不会马上就亡国，但已接近亡国了。

（3）礼至在铜器上作铭文说："我挟持杀掉国子，没有人敢来阻止我。"

（4）您们几位没有谁赶得上他。

二、动代句中的"代"专指人称时，现代汉语怎么说？古代汉语又怎么说？

1. 在叙述"忘记我"时，现代汉语说：忘我；古代汉语说：相忘。

先读为快：忘我／相忘；忘我／相忘；忘我／相忘……

那么，你知道以上两种句法的不同吗？

其不同点就在于：前者（现代汉语）代词"我"在动词"忘"的后边，后者（古代汉语）代词"相"在动词"忘"的前面。

需要说明的是，在"忘我／相忘"的句法中，与"忘／忘"功能相当的动词或介词，如"遣送／遣"、"认识／识"、"与／与"、"记／记"、"替／为"、"避开／避"等，它们都可能出现在"忘／忘"这个动词的位置上；与"我／相"功能相当的人称代词，如"我们／相"等，都可能出现在"我／相"这个人称代词的位置上。

为了加深对这两种不同句法的印象，你不妨再仔细阅读如下的例子（前为现代汉语，后为古代汉语）：

（1）时时把这些东西作个安慰吧，（希望你）永远不要忘记我。——时时为安慰，久久莫相忘！（《汉乐府·孔雀东南飞》）

（2）（您）现在就可以去禀告婆婆，及时遣送我回娘家。——便可白

公姥,及时相遣归。(《汉乐府·孔雀东南飞》)

(3)张祖希如果想认识我,自然应该上门来探望我。——张祖希若欲相识,自应见诣。(《世说新语·方正》)

如上的讲解,你如果懂了,就不妨再从古代汉语的句法中回到现代汉语的句法中(前为古代汉语,后为现代汉语):

(1)怀民未寝,相与步中庭。(苏轼《记承天寺夜游》)——张怀民也没有睡觉,与我在庭院中散步。

(2)初七及下九,嬉戏莫相记。(《汉乐府·孔雀东南飞》)——初七和十九,在玩耍的时候不要(忘)记我。

(3)太守陈登请为功曹,使矫诣许,谓曰:"许下议论,待吾不足;足下相为观察,还以见诲。"(《三国志·魏书·陈矫传》)——太守陈登请他担任功曹,让陈矫到许地,对他说:"许地的部下有非议,对我不好;您替我去考察一下,回来以此指教我。"

为了再检验一下你对古代汉语中这一句法的掌握程度,你不妨快速阅读下面古代汉语中的例句,并试着用现代汉语说说。

(1)毅又曰:"吾为使者,他日归洞庭,幸勿相避。"(李朝威《柳毅传》)

(2)始吾与公为刎颈交,今王与耳旦暮且死,而公拥兵数万,不肯相救。(《史记·张耳陈余列传》)

下面我们再将上面动代句的现代汉语说法提供给你,你可以对照一下:

(1)柳毅又说:"我给你做捎信的使者,将来你回到洞庭,希望你不要避开我不见面。"

（2）起先我和您是同生共死的朋友，如今赵王和我就要死了，而您拥有数万军队，却不肯援救我。

2. 在叙述"望着他"时，现代汉语说：望他；古代汉语说：相望。

先读为快：望他/相望；望他/相望；望他/相望……

这两种句法的不同点就在于：前者（现代汉语）代词"我"在动词"望"的后边，后者（古代汉语）代词"相"在动词"望"的前面。

在"望他/相望"的句法中，与"望/望"功能相当的动词，如"服侍/扶将"、"追赶/逐"、"赞同、答应/许"、"丢下/委"、"看待/待"、"迎接/逢迎"、"对着/向"、"看到/睹"等，都可能出现在"望/望"这个动词的位置上；与"他/相"功能相当的人称代词，如"她/相"、"他们/相"等，都可能出现在"他/相"这个人称代词的位置上。

为了加深对这两种不同句法的印象，你不妨再仔细阅读如下的例子（前为现代汉语，后为古代汉语）：

（1）悲伤失意地望着他，知道（相爱的）人来了。——怅然遥相望，知是故人来。（《汉乐府·孔雀东南飞》）

（2）希望你努力尽心奉养母亲，好好服侍她（老人家）。——勤心养公姥，好自相扶将。（《汉乐府·孔雀东南飞》）

（3）苏州的老百姓正在痛恨他，这时趁着他厉声呵骂的时候，就一齐喊叫着追赶他。——吴之民方痛心焉，于是乘其厉声以呵，则噪而相逐。（张溥《五人墓碑记》）

（4）召集全家人商量说："我和你们尽力挖平两座大山，使一直通到豫州南部，到达汉水南岸，好吗？"大家纷纷表示赞同他（的意见）。——聚室而谋曰："吾与汝毕力平险，指通豫南，达于汉阴，可乎？"杂然相许。（《山海经·愚公移山》）

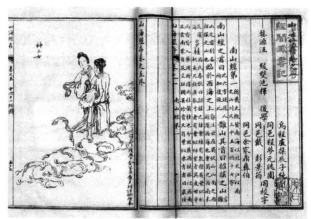

《山海经》书影

（5）朋友便生气的骂道："不是人啊！和别人约好一起走，却丢下他自己走了。"——友人便怒："非人哉！与人期行，相委而去。"（委：丢下）（《世说新语·陈太丘与友期》）

如上的讲解，你如果懂了，就不妨再从古代汉语的句法中回到现代汉语的句法中（前为古代汉语，后为现代汉语）：

（1）蒙曰："士别三日，即更刮目相待，大兄何见事之晚乎！"（司马光《孙权劝学》）——吕蒙说："对于有志气的人，分别了数日后，就应当擦亮眼睛重新看待他的才能，老兄你为什么看到事物的变化这么晚呢！"

（2）新妇识马声，蹑履相逢迎。（《汉乐府·孔雀东南飞》）——兰芝熟悉府吏的马叫声，轻步快跑去迎接他。

（3）登即相许和，便可作婚姻（《汉乐府·孔雀东南飞》）——立刻就答应他（太守）和了这门亲事，就可以结成婚姻。

（4）狼不敢前，眈眈相向。（蒲松龄《狼》）——狼不敢上前，直瞪着眼睛对着他（屠夫）。

（5）倏尔黄烟四起，人物略不相睹，水爆轰震，声如崩山。（周密《观潮》）——忽然间黄色的烟雾四处窜起,(那些)人物完全不能看见他们,水中的爆破声轰然震动,就像高山崩塌一般。

为了再检验一下你对古代汉语中这一句法的掌握程度,你不妨快速阅读下面古代汉语中的例句,并试着用现代汉语说说。

(1)蔽林间窥之,稍出近之,慭慭然莫相知。(柳宗元《黔之驴》)
(2)从许子之道,相率而伪者也,恶能治国家!(《孟子·滕文公上》)
(3)其生子无以相活,率皆不举。(《三国志·魏书·郑浑传》)

下面我们再将上面动代句的现代汉语说法提供给你,你可以对照一下:

(1)(老虎)隐蔽在树林里偷看它,逐渐出来靠近它,惶惶然不知它(是个什么东西)。
(2)按照许子的办法去做,是带着人们(他们)去弄虚作假,怎么能治理好国家呢?
(3)他们生下孩子,无法养活他们,大都不抚养就扔了。

3.在叙述"见你"时,现代汉语说:见你;古代汉语说:相见。

先读为快:见你/相见;见你/相见;见你/相见……

这两种句法的不同点就在于:前者(现代汉语)代词"你"在动词"见"的后边,后者(古代汉语)代词"相"在动词"见"的前面。

在"见你/相见"的句法中,与"见/见"相当的动词还有多个,如"记"、"答应/从许、许"、"迎娶/迎取"、"对不起/负"、"离开/隔"、"连坐/坐"、"离开/离"等,它们都可能出现在"见/见"这个动词的位置上;与"你/相"功能相当的人称代词,如"你们/相"等,都可能出现在"你

/相"这个人称代词的位置上。

为了加深对这两种不同句法的印象,你不妨再仔细阅读如下的例子(前为现代汉语,后为古代汉语):

(1)(我)在地府下见你吧!(但愿你)不要违背今天的誓言!——黄泉下相见,勿违今日言!(《汉乐府·孔雀东南飞》)

(2)我对她已经没有什么恩情了,当然不能答应你(的要求)。——吾已失恩义,会不相从许!(《汉乐府·孔雀东南飞》)

(3)不久我一定回来,回来后必定去迎娶你(回我家)。——不久当归还,还必相迎取。(《汉乐府·孔雀东南飞》)

(4)我一个人留在空房里,见你的日子实在少得很。——贱妾留空房,相见常日稀。(《汉乐府·孔雀东南飞》)

如上的讲解,你如果懂了,就不妨再从古代汉语的句法中回到现代汉语的句法中(前为古代汉语,后为现代汉语):

(1)吾与汝俱少年,以为虽暂相别,终当久相与处。(《祭十二郎文》)——当初,我和你都年轻,总以为虽然暂时别离你,终究会长久与你一起相处。

(2)幸可广问讯,不得便相许。(《汉乐府·孔雀东南飞》)——希望你多方面打听打听(再访求别的女子),我不能就这样答应你。

(3)吾今且赴府,不久当还归,誓天不相负!(《汉乐府·孔雀东南飞》)——我现在暂且去庐江太守府(办事),不久一定会回来,我对天发誓,决不会对不起你。

(4)誓不相隔卿,且暂还家去。(《汉乐府·孔雀东南飞》)——我发誓不离开你,你暂且回娘家去。

为了再检验一下你对古代汉语中这一句法的掌握程度,你不妨快速阅读下面古代汉语中的例句,并试着用现代汉语说说。

(1)律谓武曰:"副有罪,当相坐。"(坐:连坐)(班固《苏武传》)

(2)零丁孤苦,未尝一日相离也。(韩愈《祭十二郎文》)

(3)意气勤勤恳恳,若望仆不相师,而用流俗人之言。(师:效法,遵照)(司马迁《报任安书》)

(4)苟富贵,无相忘。(《史记·陈涉世家》)

下面我们再将上面动代句的现代汉语说法提供给你,你可以对照一下:

(1)卫律对苏武说:"副使有罪,应该连坐到你。"

(2)随后又和你到江南谋生,孤苦零丁,一天也没有离开过你。

(3)情意十分诚恳,似乎是抱怨我没有遵照你(说的那样去做),而附和俗人的看法。

(4)如果将来富贵了,决不忘记你们。

4.在叙述"对方嘱咐自己"时,现代汉语说:嘱咐我;古代汉语说:见丁宁。

先读为快:嘱咐我/见丁宁;嘱咐我/见丁宁;嘱咐我/见丁宁……

这两种句法的不同点就在于:前者(现代汉语)代词"我"在动词"嘱咐"的后边,后者(古代汉语)代词"见"在动词"丁宁"的前面。

在"嘱咐我/见丁宁"的句法中,与"嘱咐/丁宁"功能相当的动词,如"记着/录"、"离开/背"、"骄惯/骄"、"杀掉/杀"、"对不起/负"、"原谅/恕"等,都可能出现在"嘱咐/丁宁"这个动词的位置上;与"我/见"功能相当的人称代词,如"我们/见"、"自己/见"等,都可能出现在"我/见"这个人称代词的位置上。

为了加深对这两种不同句法的印象,你不妨再仔细阅读如下的例子

（前为现代汉语，后为古代汉语）：

（1）女儿含着眼泪回答说："兰芝才回来时，焦仲卿再三嘱咐我，立下誓言，永不分离。"——阿女含泪答："兰芝初还时，府吏见丁宁，结誓不别离。"（汉乐府《孔雀东南飞》）

（2）你既然这样记着我，盼望你不久就能来接我。——君既若见录，不久望君来。（录：记着）（汉乐府《孔雀东南飞》）

（3）我刚出生六个月，我慈爱的父亲就不幸去世离开了我。——生孩六月，慈父见背。（背：背离，离开）（李密《陈情表》）

如上的讲解，你如果懂了，就不妨再从古代汉语的句法中回到现代汉语的句法中（前为古代汉语，后为现代汉语）：

（1）少加孤露，母兄见骄，不涉经学。（嵇康《与山巨源绝交书》）——我很小的时候父亲就去世了，母亲和兄长都很娇惯我，所以没有人逼迫我学习经学。

（2）后布诣充，陈卓几见杀状。（《三国志·魏书·吕布传》）——后来吕布往见司徒王充，陈述董卓几乎杀掉自己的情况。

（3）吾相遇甚厚，何以见负？（《晋书·罗企生传》）——我待你很厚道，（可你）为什么对不起我？

砖画中的嵇康

为了再检验一下你对古代汉语中这一句法的掌握程度，你不妨快速阅读下面古代汉语中的例句，并试着用现代汉语说说。

（1）因往见司徒王允，自陈卓几见杀之状。（《后汉书·吕布传》）

（2）冀君实或见恕也。（君实：司马光的字）（王安石《答司马谏议书》）

（3）仇雠赖我之资益以富实，反见侵侮，则使子弟应之。（《青溪寇轨·容斋逸史》）

（4）太守陈登请为功曹，使矫诣许，谓曰："许下议论，待吾不足；足下相为观察，还以见诲。"（《三国志·魏书·陈矫传》）

（5）王公卿士，猥见推逼，今祗承宝位。（《资治通鉴·第一百七二卷》）

（6）张祖希若欲相识，自应见诣。（《世说新语·方正》）

下面我们再将上面动代句的现代汉语说法提供给你，你可以对照一下：

（1）（吕布）因此去见了司徒王允，自己陈述董卓几乎杀了自己的情况。

（2）希望君实你能原谅我。

（3）仇人依靠我们的物资变得越来越富足，反而侵夺欺侮我们，就让子弟去对付他们。

（4）太守陈登请他担任功曹，让陈矫到许地，对他说："许地的部下有非议，对我不好；您替我去考察一下，回来以此指教我。"

（5）辱承王公卿士推戴我，现在只得恭敬地继承皇帝的大位。

（6）张祖希如果想认识我，自然应该上门来探望我。

5. 在叙述"自己相信自己"时，现代汉语说：相信自己；古代汉语说：自信。

　　先读为快：相信自己/自信；相信自己/自信；相信自己/自信……

　　这两种句法的不同点就在于：前者（现代汉语）代词"自己"在动词"相信"的后边，后者（古代汉语）代词"自"在动词"信"的前面。

在"相信自己/自信"的句法中，与"相信/信"功能相当的动词，如"苦了/苦"、"娱乐/娱"、"立/立"、"反省/省"、"看看/视"、"看待/视"、"过完/终"等，都可能出现在"相信/信"这个动词的位置上。

为了加深对这两种不同句法的印象，你不妨再仔细阅读如下的例子（前为现代汉语，后为古代汉语）：

（1）邹忌不相信自己会比徐公漂亮，就又问他的妾："我同徐公比，谁漂亮？"——忌不自信，而复问其妾。（《战国策·邹忌讽齐王纳谏》）

（2）你终究不能回归本朝了，白白地在荒无人烟的地方苦了自己。——终不得归汉，空自苦亡人之地。（班固《苏武传》）

（3）我刚投降时，终日若有所失，几乎要发狂，痛恨自己对不起汉廷。——陵始降时，忽忽如狂，自痛负汉。（班固《苏武传》）

（4）常以写文章娱乐自己，略微显示出自己的志趣。——常著文章自娱，颇示己志。（陶渊明《五柳先生传》）

（5）陈胜立自己为将军，立吴广为都尉。——陈胜自立为将军，吴广为都尉。（司马迁《陈涉世家》）

（6）孔子说："看见贤明的人要想着向他看齐，看见不贤明的人要反省自己有没有跟他相似的毛病。"——子曰："见贤思齐焉，见不贤而内自省也。"（孔子《论语十则》）

（7）又过了一天，徐公来了，邹忌仔细地看他，自己觉得不如徐公漂亮；再照镜子看看自己，觉得自己远远不如徐公漂亮。——明日，徐公来，孰视之，自以为不如；窥镜而自视，又弗如远甚。（《战国策·邹忌讽齐王纳谏》）

如上的讲解，你如果懂了，就不妨再从古代汉语的句法中回到现代汉语的句法中（前为古代汉语，后为现代汉语）：

（1）故夫知效一官，行比一乡，德合一君，而征一国者，其自视也，亦若此矣。(庄子《逍遥游》)——所以说那些才智可以胜任一官之职,行为可以联合一乡群众,德行合于一君的要求而能取得一国信任的人,他们看待自己也不过像蝉、斑鸠、鹦雀一样罢了。

(2)黄发垂髫并怡然自乐。(陶渊明《桃花源记》)——老人和小孩都悠闲愉快,娱乐自己。

(3)忘怀得失,以此自终。(陶渊明《五柳先生传》)——得失都不放在心上,用这样的方式过完自己(的一生)。

(4)今媪尊长安君之位,而封之以膏腴之地,多予之重器,而不及今令有功于国,一旦山陵崩,长安君何以自托于赵?《战国策·触龙说赵太后》——现在您使长安君地位尊贵,把肥沃的土地封给他,赐给他很多宝物,可是不乘现在使他有功于国,有朝一日您不在了,长安君凭什么托付自己给赵国呢?

(5)虽取舍万殊,静躁不同,当其欣于所遇,暂得于己,快然自足,曾不知老之将至。(王羲之《兰亭集序》)——虽然他们或内或外的取舍千差万别,好静好动的性格各不相同,但当他们遇到可喜的事情,得意于一时,感到欣然满足自我时,竟然都会忘记衰老即将要到来之事。

(6)诚能见可欲,则思知足以自戒。(魏征《谏太宗十思疏》)——如果真的能够做到:看见引起自己爱好的东西,就想到应该知足来警惕自己。

(7)念高危则思谦冲而自牧。(魏征《谏太宗十思疏》)——想到君位高而且危,就要考虑谦虚谨慎而管理好自己。

为了再检验一下你对古代汉语中这一句法的掌握程度,你不妨快速阅读下面古代汉语中的例句,并试着用现代汉语说说。

(1)瞻顾遗迹,如在昨日,令人长号不自禁!(归有光《项脊轩志》)
(2)毅诘之曰:"子何苦,而自辱如是?"(李朝威《柳毅传》)
(3)歔流涕,悲不自胜。(李朝威《柳毅传》)

（4）而世又不与能死节者比，特以为智穷罪极，不能自免，卒就死耳。（司马迁《报任安书》）

（5）此人皆身至王侯将相，声闻邻国，及罪至罔加，不能引决自裁。（司马迁《报任安书》）

（6）退而论书策，以舒其愤，思垂空文以自见。（司马迁《报任安书》）

（7）今虽欲自雕琢，曼辞以自饰，无益于俗，不信，适足取辱耳。（司马迁《报任安书》）

（8）仆窃不逊，近自托于无能之辞。（司马迁《报任安书》）

下面我们再将上面动代句现代汉语怎么说提供给你，你可以对照一下：

（1）回忆旧日的这些事，好像昨天刚发生，真叫人长声悲号而不能控制自己啊！

（2）柳毅忍不住问她道："你有什么痛苦，而委屈自己到这种地步？"

（3）（她）掉下泪来，悲痛万分而不能控制自己。

（4）而世人又不会将我与能死节的人同等看待，只认为我智力穷尽，罪过极大，不能解脱自己，终于去死而已。

（5）这些人都身居王侯将相的地位，邻近国家都知道他们的名声，一旦有罪受到法律制裁，而不能裁决自己。

（6）（于是）回家著书，抒发心中的郁愤，想留下文字来表现自己的思想。

（7）尽管我（也）想打扮自己，用美妙的言辞粉饰自己，可这对世俗没有好处，不能取信于人，恰恰是只能招致侮辱罢了。

（8）我不自量力，近来将寄托自己（的心愿）在无用的言辞上。

参考文献:

[1] 白兆麟:《简明文言语法》,河北教育出版社,1990。

[2] 白兆麟:《文法学及其散论》,九州出版社,2004。

[3] 廖振右:《古代汉语特殊语法》,内蒙古人民出版社,1979。

[4] 杨伯峻、何乐士:《古汉语语法及其发展》,语文出版社,1992。

[5] 余心乐、宋易麟:《古汉语虚词词典》,江西教育出版社,1996。

[6] 王力:《古代汉语》,中华书局,2007。

[7] 张双棣、张联荣、宋绍年等:《古代汉语知识教程》,北京大学出版社,2002。

[8] 张先坦:《古今汉语语法比较概要》,巴蜀书社,2007。

图书在版编目(CIP)数据

难乎？不难！:古汉语与现代汉语句法比较／张先坦
编著.—贵阳:贵州人民出版社,2013.9(2021.3 重印)

ISBN 978－7－221－11280－4

Ⅰ.①难… Ⅱ.①张… Ⅲ.①古汉语－中小学－教学
参考资料 Ⅳ.①G634.303

中国版本图书馆 CIP 数据核字(2013)第 201369 号

难乎？不难！

——古汉语与现代汉语句法比较

张先坦 编著

出版发行	贵州出版集团 贵州人民出版社
地 址	贵阳市中华北路 289 号
责任编辑	徐 一
封面设计	连伟娟
印 刷	三河市腾飞印务有限公司
规 格	850mm×1168mm 1/16
字 数	130 千字
印 张	10
版 次	2014 年 7 月第 1 版
印 次	2021 年 3 月第 4 次印刷

书 号: ISBN 978－7－221－11280－4 定 价:26.00 元

"快乐阅读"书系首批书目

语文知识类

秒杀错别字

点到为止
　　——标点符号的正确使用

当心错读误义
　　——速记多音字

错词清道夫

巧学妙用汉语虚词

别乱点鸳鸯谱
　　——汉语关联词的准确搭配

似是而非惹的祸
　　——常见语病治疗

难乎？不难！
　　——古汉语与现代汉语句法比较

作文知识类

议论文三步上篮

说明文一传到位

快速格式化
　　——常见文体范例

数学知识类

情报保护神——密码

来自航海的启发——球面几何

骰子掷出的学问——概率

数据分析的基石——统计

文学导步类

中国诗歌入门寻味

中国戏剧入门寻味

中国小说入门寻味

中国散文入门寻味

中国民间文学入门寻味

文学欣赏类

中国历代诗歌精品秀

中国历代词、曲精品秀

中国历代散文精品秀

语言文化类

趣数汉语"万能"动词

个人修养类

中国名著甲乙丙

世界名著 ABC